吕思勉 著

吕思勉手稿珍本叢刊

中國古代史札録

28

宗教二

第二十八册目録

宗教二
札三……一
札四……二九九

宗教二

宗教

盟

諸侯諸侯自不相信則盟以要之凡盟禮殺牲歃血告誓神明若有背違欲令神加殃咎使如此牲也曲禮曰約信曰誓
諸侯俱受王命各有寰宇上事天子旁交鄰國天子不信
涖牲曰盟周禮天官玉府職曰若合諸侯則共珠槃玉敦夏官戎右職曰盟則以玉敦辟盟遂役之贊牛耳桃茢秋官司
盟職曰掌盟載之法曰邦國有疑會同則掌其盟約之載及其禮儀北面詔明神鄭玄以爲槃敦皆器名也珠玉以爲飾
合諸侯者必割牛耳取其血歃之以盟敦以盛血槃以盛耳將歃則戎右執其器爲衆陳其載辭使心皆開辟司盟之官
乃北面讀其載書以告日月山川之神既告乃尊卑以次歃戎右傳敦血以授當歃者令含其血既歃乃坎其牲加書於
上而埋之此則天子會諸侯使諸侯聚盟之禮也凡天子之盟諸侯十二歲於方岳之下故傳云再會而盟以顯昭明若
王不巡守及諸侯有事朝王即時見曰會殷見曰同亦爲盟禮其盟之法案覲禮爲壇十有二尋深四尺加方明于其上
方明者木也方四尺設六玉上圭下璧南方璋西方琥北方璜東方圭朝諸侯於壇訖乃加方明於壇而祀之列諸侯於
庭玉府共珠槃玉敦戎右以玉敦辟盟遂役之贊牛耳桃茢司盟北面詔告明神諸侯以次歃血鄭注覲禮云王之盟其
神主日王官之伯盟其神主月諸侯之盟其神主山川是盟禮之略也若諸侯之盟亦有禮知者故柯之盟公羊傳稱曹
子以手劍劫桓公于壇是也其盟神則無復定限故襄十一年傳稱司慎司盟名山名川羣神羣祀先王先公七姓十二
國之祖是也其盟用牛牲故襄二十六年傳云歃用牲又哀十七年傳云諸侯盟誰執牛耳是也其殺牛必取血及耳以
手執玉敦之血進之於口知者定八年涉佗捘衞侯之手及捥又襄九年傳云與大國盟口血未乾是也既盟之後牲及
餘血并盟載之書加於牲上坎而埋之故僖二十五年傳云宵坎血加書是也春秋之世不由天子之命諸侯自相與盟
則大國制其言小國尸其事官雖小異禮則大同故釋例曰盟者殺牲載書大國制其言小國尸其事珠槃玉敦以奉流
血而同歃是其事也其盟載之辭則傳多有之此時公求好於邾邾君來至蔑地公出與之盟史書魯事以公爲主言公
及及者言自此及彼據魯爲文也桓十七年公會邾儀父盟于趡彼言會此言及者彼行會禮此不行會禮故也故劉炫
云策書之例先會後盟者上言會下言盟雖盟不會者直言及此爲不行會禮故言及也或可史異辭非先會而盟則稱
會知者文七年公會諸侯晉大夫盟于扈傳云公後至則是不及其會而經稱會故知盟稱會者未必先行會禮也

盟誓

載書 要盟

晉士莊子爲載書 莊子士弱載書 襄九

盟書曰自今日既盟之後鄭國而不唯晉命是聽而或有異志者有如此盟 如違盟之罰 公子騑趨進曰天禍鄭國使介居二大國之間 介猶閒也。介音界注同猶閒音閒廁之閒又如字 大國不加德音而亂以要之 謂以兵亂之加強要鄭。要一遙反注強要下要人要盟皆同強其丈反 使其鬼神不獲歆其禋祀其民人不獲享其土利夫婦辛苦墊隘無所厎告 墊隘猶委頓厎至也。歆許今反墊丁念反隘於懈反厎音旨 自今日既盟之後鄭國而不唯有禮與彊可以庇民者是從而敢有異志者亦如之 亦如此盟。庇必利反 荀偃曰改載書 子駟亦以所言載於策故欲改之 公孫舍之曰昭大神要言焉 要誓以告神 若可改也大國亦可叛也知武子謂獻子曰我實不德而要人以盟豈禮也哉非禮何以主盟姑盟而退脩德息師而來終必獲鄭何必今日我之不德民將棄我豈唯鄭若能休和遠人將至何恃於鄭乃盟而還 遂兩用載書。休許虯反 ○楚子伐鄭 與晉成故 子駟將及楚平子孔子蟜曰與大國盟口血未乾而背之可乎子駟子展曰吾盟固云唯彊是從今楚師至晉不我救則楚彊矣盟誓之言豈敢背之且要盟無質神弗臨也 質主也 疏 注質主也○正義曰質之爲主以意言耳無正訓也晉云唯晉命是聽鄭云唯彊是從二辭俱以告神是其無定主也服虔云質誠也無忠誠之信故神弗臨也。 所臨唯信信者言之瑞也 瑞符也。 善之主也是故臨之 神臨之 明神不蠲要盟 蠲絜也。 背之可也乃及楚平公子罷戎入盟同盟于中分 中分鄭城中里名罷戎楚大夫。罷音皮徐音彼中分並如字徐音丁仲反。 疏 注中分鄭城中里名。正義曰言入盟是入城盟也入城而言盟地知是城內里名 楚莊夫人卒 共王母 王未能定

十三經注疏 春秋左傳三十 襄公九年 三十六

襄九

會盟

載書
要盟無質 明神
載書
司慎司盟

北林師于向向地在潁川長社縣東北。向舒亮反右還次于瑣北行而西爲右還熒陽宛陵縣西有瑣侯亭。瑣素果反宛於阮反又於元反圍鄭觀兵于南
門觀示也西濟于濟隧濟隧水名。濟隧上子禮反下音遂鄭人懼乃行成秋七月同盟于亳范宣子曰不慎必
失諸侯慎敬威儀謹辭令諸侯道敝而無成能無貳乎數伐鄭皆罷於道路。數所角反罷音皮乃盟載書曰凡我同盟毋薀
年薀積年穀而不分災。毋音無下皆同薀紆粉反毋壅利專山川之利。壅於勇反毋保姦藏罪人毋留慝速去惡。慝他得反下同去起呂反救災患恤禍

十三經注疏 春秋左傳三十一 襄公十一年 五

亂同好惡獎王室獎助也。好惡並如字或讀上呼報反下惡路反獎將丈反或間茲命司慎司盟名山名川二司天神。間間廁之間茲命本或作茲
盟誤疏注二司天神。正義曰盟告諸神而先稱二司知其是天神也覲禮諸侯覲于天子爲宮方三百步壇十有二尋
深四尺加方明于其上方明者木也方四尺設六色青赤白黑玄黃設六玉圭璋琥璜璧琮公侯伯子南皆就其
旂而立天子祀方明禮日月四瀆山川丘陵彼方雖不言盟其所陳設盟之禮也鄭玄云方明者上下四方神明之象也
會同而盟明神監之則謂之天之司盟有象者猶宗廟之有主乎天子巡守之盟其神主日諸侯之盟其神主山川王官
之伯會諸侯而盟其神主月是言盟之所告告天神也鄭玄云神監之謂之司盟司盟非一神也其司慎
亦不知指斥何神但在山川之上知其是天神耳名山山之有名者謂五嶽四鎮也名川謂四瀆也羣神羣祀羣祀
在祀典者先王先公先王諸侯之大祖宋祖帝乙鄭祖厲王之比也先公始封君。大音泰凡大祖大廟大宮皆放此比必利反七姓十二國之祖七姓晉魯衛鄭曹滕姬姓邾小邾曹姓宋子姓
齊姜姓莒已姓杞姒姓薛任姓實十三國言十二誤也。已音紀或音杞任音壬疏注七姓至誤也。正義曰十三國爲七姓世本世家文也姬即次曹意及則言不以大小爲次也實十三國而言十二服虔云晉主盟不自數知不
然者案定四年祝佗稱踐土之盟云晉重魯申於是晉爲盟主自在盟內何因晉今主盟乃不自數故知字誤也劉炫難服虔云案宣子恐失諸侯謹慎辭令告神要人身不自數已不在盟彼叛必速豈有如此理哉明神殛
之殛誅也。殛紀力反注同俾失其民隊命亡氏踣其國家踣斃也。俾本又作卑必爾反隊直類反踣蒲北反徐又敷豆反斃婢世反○楚子囊乞旅

襄十一

外交

以璧假田

盟辭

桓元

○三月公會鄭伯 公以篡立而脩好於鄭鄭因而迎之成禮於垂終易二田
于垂鄭伯以璧假許田 ○假舉下反 ○夏四月丁未公及鄭伯盟于越 注：然後結盟垂犬丘衛地也越近垂地名鄭求祀周公魯聽受祊田令鄭廢泰山之祀知
其非禮故以璧假為文時之所隱○好呼報反傳同近附近之近祊百庚反令力呈反 疏 注公以至為文時之所隱○正義曰成會禮於垂既易許
田然後盟以結之故先會次假田然後書盟也言迎之成禮於垂者垂是衛地
況以為公迎鄭伯於垂知時史之所隱諱者傳不言書曰知非仲尼本意也 ○秋大水 書災也傳例曰凡平原出水為大水 ○冬十
月
傳元年春公即位修好于鄭鄭人請復祀周公卒易祊田 事在隱八年○復扶又反 公許之三月鄭伯以
璧假許田為周公祊故也 魯不宜聽鄭祀周公又不宜易取祊田犯二不宜以動故隱其實不言祊稱璧假言若進璧以假田非久易也○為于僞反 疏 注魯不至易也○正義曰祊薄於
許加之以璧易取許田非假借之也今經乃以璧假為文故傳言為周公祊故解經璧假之言也注又解傳之意周公非
鄭之祖魯不宜聽鄭祀周公天子賜魯以許田義當傳之後世不宜易取祊田於此一事犯二不宜以動故史官諱其實
不言以祊易許乃稱以璧假田言若進璧於魯以權借許田非久易然所以諱國惡也不言以祊假而言以璧假者此璧
實入於魯但諸侯相交有執圭璧致信命之理今言以璧假似若進璧以致辭然故璧猶可言祊則不可言也何則祊許
俱地以地借地易理已章非復得為隱諱故也○夏四月丁未公及鄭伯盟于越結祊成也 結成易二田之事也傳以經不書祊故獨見祊○見賢遍反 盟曰
渝盟無享國 渝變也渝羊朱反享許丈反 疏 注渝變也○正義曰釋言文也傳載其盟辭者以易田惡事而誓不變改見其終無悔心所以深惡魯也此時許田已入於鄭而詩頌僖公云居常與許復周公之
宇蓋僖公之時復得之也齊人取讙及闡及其歸也經復書之自此以後不
書鄭人來歸許田者此經書假言若暫以借鄭地仍魯物不得書鄭人歸之

十三經注疏　春秋左傳五　桓公元年　二十九

〇公會吳于橐皋吳子使大宰嚭請尋盟（尋舊盟）公不欲使子貢對曰盟所以周信也（周固）故心以制之（制其義）玉帛以奉之（奉贄明神。贄音至）言以結之（結其信）明神以要之（要以禍福。要一遙反注同）寡君以爲苟有盟焉弗可改也已若猶可改日盟何益今吾子曰必尋盟若可尋也亦可寒也（尋重也寒歇也。重直龍反歇許謁反）

疏注尋重也寒歇也。正義曰少牢有司徹云乃燖尸俎鄭玄云燖溫也引此若可燖也亦可寒也則諸言尋盟者皆以前盟已寒更溫之使熱溫舊卽是重義故以燖爲重傳意言若可重溫使熱亦可歇之使寒故言寒歇不訓寒爲歇也

乃不尋盟（

哀十二

外交

閏月良夫與大子入舍於孔氏之外圃（圃圃○圃布五反）昏二人蒙衣而乘（二人大子與良夫蒙衣爲婦人服也○乘繩證反下及注同）寺人羅御如孔氏孔氏之老欒寧問之稱姻妾以告（自稱昏姻家妾○欒力丸反姻音因）遂入適伯姬氏既食孔伯姬杖戈而先大子與五人介輿豭從之（介被甲輿豭豚欲以盟○杖直亮反又音丈豭音加被皮寄反）【疏】輿豭○正義曰豭是豕之牡者傳稱諸侯盟誰執牛耳則盟當用牛此用豭者鄭玄云人君用牛伯姬迫孔悝以豭下人君耳然則蒯聵自謀取國寧復降下人君於時迫促難得牲耳牲不備牛如孟任割臂以盟莊公楚昭王割子期之心以盟隨人此及明年大子疾輿豭爲盟皆臨時偪切難以禮論也迫孔悝於廁强盟之（孔氏專政故劫孔悝欲令逐輒○迫孔悝本又作叔悝廁初吏反强其丈反劫居業反令力呈反）遂劫以登臺欒寧

哀十五

材料

先生之言謹奉社稷而以從毛遂曰從定乎楚王曰定矣毛遂謂楚王之左右曰取雞狗馬之血來【索隱】盟之所用牲貴賤不同天子用牛及馬諸侯以犬及豭大夫已下用雞今此總言盟之用血故云取雞狗馬之血來耳毛遂奉銅盤【索隱】奉音捧若周禮則用珠盤也而跪進之楚王曰王當歃血而定從次者吾君次者遂遂定從於殿上毛遂左手持盤血而右手招十九人曰公相與歃此血於堂下【索隱】歃音所甲反公等錄錄【集解】駰案王劭云錄借字耳又說文云錄錄隨從之貌也【索隱】音六所謂因人成事者也平原君已定從而歸歸至於趙曰勝不敢復相士勝相士多者千人寡者百數自以爲不失天下之士今乃於毛先生而失之也毛先生一至楚而使趙重於九鼎大呂【索隱】九鼎大呂國之寶器毛遂至楚使趙重於九鼎

平原君虞卿列傳

夏齊侯衛侯胥命于蒲胥命者何相命也胥相也時盟不歃血但以命相誓○歃本又作歃所洽反又所甲反疏胥命者何○解云春秋上下無胥命之文故執不知問○注時盟至相誓○解云亦相誓勅但不歃血而已故謂之盟也何言乎相命據盟亦相命不道也近正也以不言盟也○近正附近之近下及注同疏近正也○解云古者不盟而言近正雖不歃血口雖誓勑不若古者結言而退故言近正而已此其為近正奈何古者不盟結言而退善其近正似於古而不相背故書以撥亂也○背音佩○六月公

桓三

胥命一語一近古

三年春正月公會齊侯于嬴 嬴齊地。嬴音盈 ○夏齊侯衛侯胥命于蒲 蒲衛地 胥之爲言猶相也相命而信諭謹言而退以是爲近古也 申約言以相達不歃血而誓盟古謂五帝時○近附近之近約如字又於妙反歃本又作啑所洽反 疏 注古謂五帝時○釋曰知古非三王者以傳云誥誓不及五帝盟詛不及三王今謹言而退非誥誓之辭相命而信諭無盟詛之事二國能行三王五帝之法而傳云近古明知謂五帝也 是必一人先其以相言之何也 不以齊侯命衛侯也 江熙曰夫相與親比非一人之德是以同聲相應同氣相求齊衛胥盟雖有先倡倡和理均若以齊命衛則功歸于齊以衛命齊則齊僅隨從言其相命則泯然無際矣○比毗志反應應對之應僅巨靳反泯亡忍反 疏 注同聲至相求○釋曰易文言文也今二國相命則大者宜倡小者宜和大則齊也小則衛也故傳云不以齊侯命衛侯也明齊大也但倡和理均故直以相命言之倡則同聲相應和則同氣相求聲氣相通而相命之情見矣 ○六月公會杞侯于郕 郕魯地。郕音成

十三經注疏 穀梁三 桓公三年 四年 九

穀梁三

宗教

呪咀

文王曰咨咨女殷商而秉義類彊禦多懟流言以對寇攘式內。對遂也箋云義之言宜也類善式用也女執事之臣宜用善人反任彊禦眾懟為惡者皆流言謗毀賢者王若問之則又以對寇盜攘竊為姦宄者而王信之使用事於內。懟直類反攘如羊反宄音軌侯作侯祝靡屆靡究作祝詛也屆極究窮也箋云侯維也王與羣臣乖爭而相疑日祝詛求其凶咎無極已。作側慮反注同本或作詛祝周救反

疏文王至靡究。毛以為文王曰咨咨嗟汝殷商汝秉執政事之臣宜用善人何為不用善人反更信任彊禦眾懟為惡之人為流言以遂成其惡事者又寇盜攘竊為姦宄之人王信任之使用事於內小人用事數相謗毀遂令君臣乖爭以致相疑維為是詛維為是祝求告鬼神令加凶咎無有終極窮已之時置小人於朝以致祝詛求言是綱紀廢滅可傷之甚。鄭唯流言以對為異言此彊禦眾懟為惡之人作此流言謗毀賢者若王問賢人則以此謗毀而對使王不得用之餘同。傳對遂。正義曰釋言文。箋義之至於內。正義曰凡言義者允於事宜故云義之言宜以義為宜則而為汝矣類善釋詁文式用釋言文眾懟為惡者懟謂很戾戾非一人故言眾也此彊禦眾懟之人不但很戾而已又皆流言語以謗毀賢者王若問之則又以對謂就此眾懟之人問賢人之行則又以謗毀之言對王令王不用之使賢者黜退也既退賢者乃進其黨類故寇盜攘竊為姦宄者進在王朝而信之使用事於內也上言執事下言用事於內則執事者亦在內矣但執事者舊在王朝用事者後來之人以小人後至而自外入內故云式內以充之言寇攘者費誓注云寇劫取也因其亡失曰攘盜竊則惣名故箋以盜竊配之。傳作祝至究窮。正義曰作即古詛字詛與祝別故各自言侯傳辨作為詛故言作祝詛也屆極究窮皆釋言文。箋侯維至極已。正義曰釋詁云維侯也故侯得為維上言用惡人在官此言詛祝明是王與羣臣乖爭相疑而祝詛也靡屆靡究言其無窮已之時故知日日為之也詛者盟之細事用豕犬雞三物告神而要之祝無用牲之文蓋口告而祝詛之也皆是情不相信聽以明神若有犯約使加之凶禍故云求其凶咎無極已

詛祝掌盟詛類造攻說禬禜之祝號八者之辭皆所以告神明也盟詛主於要誓大事曰盟小事曰詛疏注八者至曰詛○釋曰此八者之內類造已下是大祝六祈大祝不掌祝號故此詛祝與盟同爲成就秋官自有司盟之官此詛祝兼言之者司盟直掌盟載之法不掌祝號與載辭故使詛祝掌之云大事曰盟小事曰詛者盟者盟將來春秋諸侯會有盟無詛詛者詛往過不因會而爲之故云大事曰盟小事曰詛也作盟詛之載辭以敘國之信用以質邦國之劑信載辭爲辭而載之於策坎用牲加書于其上也國謂王之國邦國諸侯國也質正也成也文王脩德而虞芮質厥成鄭司農云載辭以春秋傳曰使祝爲載書疏作盟至劑信○釋曰云作盟詛之載辭者爲要誓之辭載之於策人多無信故爲盟詛對神要之使用信故云以叙國之信用云以質邦國之劑信者質正也成也亦爲此盟詛之載辭以成正諸侯邦國之劑謂要誓故對神成正之使不犯○注載辭至載書○釋曰言爲辭而載之于策者若然則策載此辭謂之載云坎用牲加書于其上也者按襄二十六年左氏傳云宋寺人伊戾坎用牲加書爲世子痤僞與楚客盟司盟注具引此文於此注畧也引春秋者據載書而言如者按司盟掌盟載之法彼注云載盟辭也盟者書其辭於策即是此載辭也又注云殺牲取血坎其牲加書於上而埋之謂之載書即引春秋宋寺人之事明此坎用牲加書於其上據載書而言以此言之則書辭於策謂之載辭加書於牲上謂之載書司盟掌載書詛祝掌載辭此言坎用牲加書之事者事相因故兼解之云國謂王之國邦國諸侯國也者周禮之例言國者皆據王國邦國連言者皆據諸侯故爲此解云文王脩德而虞芮質厥成者大雅文王詩也彼訓質爲成成爲平謂成其平和之事引之者證質爲成義先鄭引春秋傳曰者按哀二十六年左氏傳云宋大尹使祝爲載書司農之意以載辭與載書爲一得通一義故引之在下

詛祝

盟詛

祭地

社稷

山川

一、右條皆不言急度以發之甚不可絶也し

友樵書題

「地神曰土藏曰之祭」世稱天子祭天地疏

「夏至之日祭崑崙之神於方澤一也」

典瑞兩圭有邸以祀地旅四望注謂所祀於北郊神州之神 疏未知

「夏正之月祭神州地祇於北郊二也或云

周以何月……郊所……宜用之陰之月者七月祭之

建申之月祭之與郊天相對」

「孝經緯既云后稷爲天地之主則后稷配天南郊

又配地北郊則周人以嚳配圜丘亦當配方澤也」

王大封則先告后土 小宗伯

建邦國先告后土 大祝

社稷制度

見郊特牲疏

社稷今古異義

今孝經説社者土地之主土地廣博不可偏敬故封五土以爲社古左氏説共工爲后土后土爲社（見援神契 見大宗伯疏 禮記月令疏 后稷也食五穀象）今孝經説稷者五穀之長穀衆多不可偏敬故立稷而祭之（鄭所从）古左氏（見左昭廿九）説列山氏之子曰柱死祀以爲稷稷是田正（祭法 魯語）周棄亦爲稷自商以來祀之（周語）（鄭特牲疏）（詩兼）時主鄭駁之王肅（賈逵 馬融）主古　鄭康成之説以社爲五

土之神，稷爲原隰之神。句龍以其平水土之功配社祀之，稷播五穀之功配稷祀之。

案《月令》命民社。《郊特牲疏》：案《祭法》注云：大夫以下成羣立社曰置社。注云：大夫不得特立社，與民族居，百家以上則共立一社，今時里社是也。如鄭此言，則周之政法，百家以上得立社。其秦漢以來，雖非大夫，民二十五家以上則得立社，故云今之里社也。

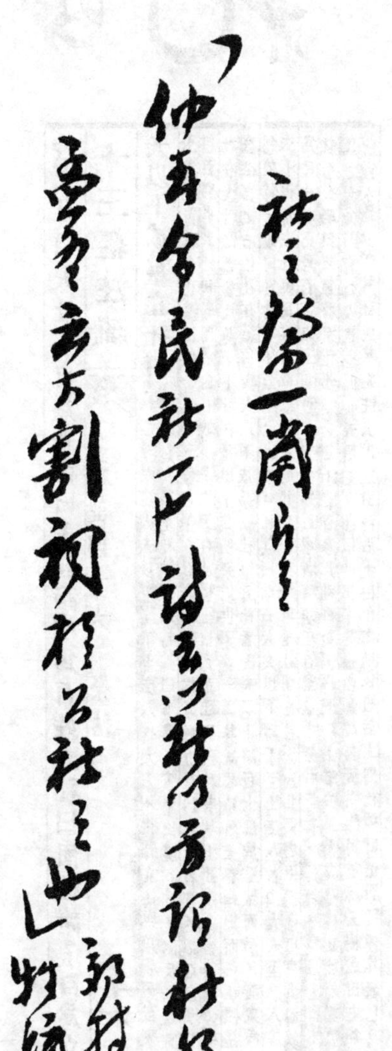

祭祀

王爲羣姓立社曰大社王自爲立社曰王社諸侯爲百姓立社曰國社諸侯自爲立社曰侯社大夫以下成羣立社曰置社羣衆也大夫以下謂下至庶人也大夫不得特立社與民族居百家以上則共立一社今時里社是也郊特牲曰唯爲社事單出里○爲于僞反下皆同注爲社事亦同

十三經注疏　禮記四十六　祭法　十六

疏王爲至置社○正義曰此一經明天子以下立社之義○王爲羣姓立社曰大社者羣姓謂百官以下及兆民言羣姓者包百官也大社在庫門之內右故小宗伯云右社稷王自爲立社曰王社者其王社所在書傳無文或云與大社同處王社在大社之西崔氏並云王社在藉田王自所祭以供粢盛今從其說故詩頌云春藉田而祈社稷是也其諸侯國社亦在公宮之右侯社在藉田大夫以下成羣立社曰置社者大夫以下謂包士庶成羣聚而居其羣衆滿百家以上得立社爲衆特置故曰置社○注羣衆至出里○正義曰此云大夫以下謂下至士庶人者謂大夫至庶人等共在一處也云大夫不得特立社與民族居百家以上則共立一社今時里社是也者大夫北面之臣不得自專土地故不得特立社社以爲民故與民居百家以上則可以立社知百家者詩頌云百室盈止殺時犉牡故曰百家言以上皆不限多少故鄭駮異義引長職曰以歲時祭祀州社是二千五百家爲社也雖云百家以上唯治民大夫乃得立社故鄭駮異義云有國及治民之大夫乃有社稷是也此大夫所主立社稷則田主是也故鄭駮異義引大司徒職云樹之田主各以其野之所宜木遂以名其社與其野注云田主田神后土田正之所依也后土則社神田正則稷神其義已具郊特牲疏

庶子以下立之社
古大社稷即田主

天子命有司祈祀四海大川名源淵
澤井泉　月令
仲冬

經注疏　公羊十二　僖公三十一年　十六

正謂封不爲壇故言埽地不全無席諸侯祭土土謂社也諸侯所祭莫重於社卿大夫祭五祀士祭其先祖疏諸侯祭土○解云欲道魯郊爲非禮之意也天子有方望之事方望謂郊時所望祭四方羣神日月星辰風伯雨師五嶽四瀆及餘山川凡三十六所疏注方望至三十六所解云舊説云四方羣臣是爲四也通日與月爲六星是五星爲十一也辰是十二辰爲二十三風伯雨師爲二十五五嶽爲三十四瀆爲三十四餘小山川爲二是爲三十六所無所不通盡八極之内天之所覆地之所載無所不至故得郊也諸侯山川有不在其封内者則不祭也故魯郊非禮也

初昭王有疾卜曰河爲祟王弗祭大夫請祭諸郊王曰三代命祀祭不越望諸侯望祀竟内山川星辰○寘之豉反夭於表反焉於虔反祟息遂反竟音境疏不穀至移之○正義曰言己若無大罪天其妄夭之乎必是身有大罪天乃下罪有罪受罰又焉移之江漢雎章楚之望也四水在楚界○雎七餘反漳音章疏注四水在楚界○正義曰土地名江經南郡江夏弋陽安豐漢經襄陽至夏江安陸縣入江雎經襄陽至南郡枝江縣入江漳經襄陽至南郡當陽入江是四水皆在楚界也禍福之至不是過也不穀雖不德河非所獲罪也遂弗祭孔子曰楚昭王知大道矣其不失國也宜哉

宗教

鳴沙石室古籍叢殘三十種

鳴沙石室佚書續編四種

陸法言切韻三種

法伯希和以影本寄伯赤乃印　王彬寫本

石印八冊

石印

摩尼教經一卷　敦煌千佛洞古書

羅氏寫二頁印入國學叢刊

宗教

八

趙簡子夢射熊羆乃二卿之祖 翟犬代之先

論衡紀妖篇

[illegible]

[illegible]

○虞而立尸有几筵卒哭而諱諱辟其名○辟音避生事畢而鬼事始已謂不復饋食於下室而鬼神祭之已辭也既卒哭宰夫執木鐸以命于宮曰舍故而諱新故謂高祖之父當遷者也易說帝乙曰易之帝乙爲成湯書之帝乙六世王天之錫命疏可同名○鐸大各反舍音捨自寢門至于庫門百官所在庫門宮外門明堂位曰庫門天子皐門

疏 虞而立尸有几筵卒哭而諱至自寢門至于庫門○正義曰此一節論葬後當以鬼神事之禮未葬由生事之故未有尸既葬親形已藏故立尸以係孝子之心也前所云既窆而祝宿虞尸是也○有几筵者未葬之前殯宮雖有脯醢之奠不立几筵其大斂之奠雖在殯宮但有廗而已亦無几也此廗素席故前云奠以素器其下室之內有吉几筵今葬訖既設虞祭有素几筵雖大斂之時已有至於虞祭更立筵與几相配故云有几筵故士虞禮云祝免澡葛絰帶布席于室中東面右几是也然此虞祭而有几謂士大夫禮若天子諸侯則葬前有几故周禮司几筵云喪事素几鄭注云謂凡奠時天子既爾諸侯南面之君其事亦然○卒哭而諱者諱謂神名也古者生不相諱卒哭之前猶生事之故不諱至卒哭乃有神諱也○生事畢而鬼事始已者并解所以虞立尸卒哭而爲神諱義也既虞卒哭則生事畢鬼神之義方爲始也○注謂不至辭也○正義曰合釋有尸有几筵及諱也下室謂內寢生時飲食有事處也未葬猶生事當以脯醢奠殯又於下室饋設黍稷謝茲云下室之饋器物几杖如平生鄭君荅張逸云未葬以脯醢奠於殯又於下室設黍稷曰饋下室內寢也至朔月月半而殷奠

[illegible]

经学

殷奠有黍稷而下室不設也既虞祭遂用祭禮下室遂無事也然不復饋食於下室文承卒哭之下卒哭之時乃不復饋食於下室皇氏以爲虞則不復饋食於下室於理有疑○注政謂至同名○正義曰高祖之父也謂孝子高祖之父也於死者高祖也卒哭猶未遷故云當遷也至小祥乃遷毀也易說帝乙曰易之帝乙爲成湯者鄭引易證六世不諱故卒哭而舍高祖之父也易說者鄭引云易緯也用鄭云說者皆緯候也時禁緯候故轉緯爲說也故鄭志張逸問禮注曰書說書說何書也荅曰尚書緯也當爲注時時在文網中嫌引祕書故諸所牽圖讖皆謂之說云案易云帝乙歸妹易乾鑿度說易之帝乙謂是殷湯也書之帝乙六世王者亦易緯言也書酒誥有帝乙而乾鑿度說云乙是殷六世王也先儒注皆以酒誥帝乙紂父紂父去湯多世不曾於六世也然史記殷本紀云王名乙者甚衆上皆有配字惟紂父稱帝乙耳而湯名乙其六世孫名祖乙即是六世王也既並爲帝故皆得曰帝乙也祖乙是湯六世孫與湯同名是六世同名云天之錫命疏可同名者此注湯緯語也言帝生之名由天所錫則曲疏可同故舉六世以爲證也謂天所錫者殷以生日甲乙爲名則生日是天之命曰爲名也白虎通云殷質以生日名子也故殷大甲帝乙武丁○自寢門至于庫門前既執木鐸以命官中又出宮從寢門至于庫門寢門路門庫門是魯之外門也百官及宗廟所在之處至庫門咸使知之也○二名魯三門故至庫門耳若天子五門則至皋門也故鄭引明堂位云庫門天子皋門也若凡諸侯則皋應路也

不偏諱。夫子之母名徵在，言在不稱徵，言徵不稱在。稱舉也雜記曰妻之諱不舉諸其側 疏 二名至稱在○正義曰此一節論不偏諱之事○注稱舉至其側○正義曰引雜記者證稱是舉之義

宗敎

剛卿說文及部敘与部改

讀月令——說文段注

宗教二

馬叙倫注說文

示部　馬

宗教

禓當爲禓讀儺 段注說文 示部禓 道上祭

郊也引讀

宗教

靈字之訓義

說文玉部靈

段注及句讀

社稷

一 樹書社創設之後作

一 社

神仙

左昭廿年公曰古而無死其樂若何晏子對
曰古而無死則古之樂也君何得焉

王相

一五行王相之説 春木王火相土死金囚水爲休廢夏火王土相金死水囚木爲休廢 以下推之可知 王所勝者死相所勝者囚[illegible]爲休廢 天一宦之庭 之説

得之可以當五百人矣乃從白公而見之與之言說告之故辭承之以劍不動勝曰不爲利諂不爲威惕不洩人言以求媚者去之吳人伐愼白公敗之請以戰備獻許之遂作亂秋七月殺子西子期于朝而劫惠王子西以袂掩面而死子期曰昔者吾以力事君不可以弗終抉豫章以殺人而後死石乞曰焚庫弒王不然不濟白公曰不可殺王不祥焚庫無聚將何以守矣乞曰有楚國而治其民以敬事神可以得祥且有聚矣何患弗從葉公在蔡方城之外皆曰可以入矣子高曰吾聞之以險徼幸者其求無饜偏重必離聞其殺齊管脩也而後入白公欲以子閭爲王子閭不可遂劫以兵子閭曰王孫若安靖楚國匡正王室而後庇焉啓之願也敢不聽從若將專利以傾王室不顧楚國有死不能遂殺之而以王如高府石乞尹門圉公陽穴宮負王以如昭夫人之宮葉公亦至及北門或遇之曰君胡不冑國人望君如望慈父母焉盜賊之矢若傷君是絕民望也若之何不冑乃冑而進又遇一人曰君胡冑國人望君如望歲焉日日以幾若見君面是得艾也民知不死其亦夫有奮心猶將旌君以徇於國而反掩面以絕民望不亦甚乎乃免冑而進遇箴尹固帥其屬將與白公

學

散字

學故——蓋以記其所知

學子故

雜事說類不斷王氏多多

（六・二下）

宗教

傳言晉無禮所以遂弱將會衛子行敬子言於靈公子行敬子衛大夫曰會同難難得宜嘖有煩言莫之治也嘖至也煩言忿爭。○嘖仕責反一音責爭爭鬭之爭疏注嘖至忿爭。○正義曰嘖至賈逵云然是相傳訓也易繫辭云聖人有以見天下之賾謂見其至深之處賾亦深之義也謂至於會時有煩亂忿爭之言無才辯者則莫之能治也其使祝佗從祝佗大祝子魚。○佗徒何反從才用反下師從旅從同大音泰下大祝大卜大巾大原同公曰善乃使子魚子魚辭曰臣展四體以率舊職猶懼不給而煩刑書若又共二共二職。○共音恭注同徽大罪也且夫祝社稷之常隸也隸賤臣也。○徽古堯反夫音扶社稷不動祝不出竟官之制也社稷動謂國遷。○竟音境下同疏注社稷動謂國遷。○正義曰周禮大祝云大師宜于社造于祖設軍社及軍歸獻于社則前祝天子之祝如此則諸侯之祝官亦然也然則彼軍行雖有社无稷今社稷俱動故知謂國遷也國遷唯在竟内得云祝不出竟者詩稱公劉遷豳大王來岐及春秋杞都陳留而遷緣陵及許遷于析之屬並是離棄本國遠適它土故有出竟之事劉以社稷動謂軍行而規杜非也君以軍行祓社釁鼓師出先事祓禱於社謂之宜社於是殺牲以血塗鼓鼙爲釁鼓。○祓音弗徐音廢釁許靳反鼙步西反本又作鞞疏注師出至釁鼓。○正義曰釋天云起大事動大衆必先有事乎社而後出謂之宜是軍師將出必有祭社之事也周禮女巫掌祓除釁浴則祓亦祭名故知祓社即宜社是也說文云釁血祭也是殺牲以血塗鼓鼙爲釁鼓此皆祝官掌之祝奉以從奉社主也。○從如字又才用反疏祝奉以從。○正義曰禮軍行必以廟主社主從軍而行尚書甘誓云用命賞于祖弗用命戮于社孔安國云天子親征必載遷廟之祖主及社主行有功則賞祖主前示不專也不用命奔北者則戮之於社主前社主陰陰主殺親祖嚴社之義也是軍行必載社主行故祝官奉主以從於是乎出竟若嘉好之事謂朝會。○好呼報反君行師從二千五百人卿行旅從五百人臣無事焉公曰行也及臯鼬將盟疏若嘉至事焉。○正義曰此會因而侵楚衛侯當以軍行而云臣無事者晉本以會召諸侯傳言將會是赴會之時未知將

定の

宗教

超自然主義

非以為人所不能為之解也 而信之即成宗教觀的

實作

無人不易作的實用的請同來人 推于理想

限於超自然主義

宗教

人類宗教

宗教之起原及要素當於人類宗教中求之

其材是宗教科學哲學皆是其本

知人類人人之心宗教共事之而由斯要知其宗教

宗教

宗教之原

天異‖神聖人之特力　民眾頌其皆具神祕性

其意識　覺其有特力因生崇敬　倚賴之心

古物人亦在其中　易成神聖

不能用常理應付之事則恐懼因覺痛苦

其具作之設（象）則使各人精相通而成

宇宙環境而異　如旱地拜月　中非洲土人　南美洲古土人　山

該處植生長皆由拜月

地無海神　平原近海無山神

宗教

星

古人视其出没以候时间以为管理气候

进则为占星术 后来由以管理气候

引申以为管理万事

陨星而视为神圣从而可怖 后来此灾异之说之由来

时序反常亦

星所司也

宗教

萬物有靈　動物崇拜

動則有知以此知風雲亦有知　校

動物之有力可畏　且有極毒

宗教

宗教與心理

高處易設想為神棲

遠處亦然 如神在海 如在孤島

林亦易以為神棲

死者葬入之林叢

叢祠由此

宗教

靈物 偶象

靈物，即神靈也

人造而使物寄焉，則為偶象。起源如

古者命

宗教

鬼魂〻

靈魂不為鬼魂　見於代人判學　了明

附物為輪迴　即梁立言由此

不附有誰為人　其功之別屬一　昔　即梁　協作

山鬼不論鄉某說　此處民族不同如天上地下

推論標之遠方

遠處日入處　考地下地獄葬　縣稱種

助附從之　爲太人外大衛

宗教

神初 多神 二神 一神

國家無主 皆是分統 神統宇宙一部分

此多神也 神大抵人形

二者一善一惡 相爭不息

一神者亦多天使 是亦多神也 教會林立亦屬是焉

二此

古已有神教見現代人類學引

人類是否無宗教之一語

理論或可言　事實上未之見

宗教

宗教與儀式

乃有超群衆之經

乃有行而不失

蔡

承覆千年儒者講於建立宗主

以出居覆叢也

足以開其叢社大祀

吾子所愛無誤不一儒門者立為叢信

宗朝風叢出發建叢子

肘桂季孫紹與孟伯常治魯國之政不甘相信而祀於叢社

無肩擔乞撈稿與論理甚難

祭

祈穀即郊

孟獻子言啟蟄而郊（據襄七）月令孟春祈穀

於上帝

祭

「郊祭之神詳見禮郊特牲及祭義郊之祭也之節　社神大蜡之禮詳見禮郊特牲　天子諸侯宗廟祧壇墠之制詳見禮祭法」

東塾讀書記

蛇首

古史十六 呂梁宮出入於國如先見之枝

趙簡子夢熊羆其為范中行氏之祖翟

犬為代之先

宗教

玄帝、玄官

管子幼官一會諸侯令曰非玄帝之命毋
有一日之師役　六會諸侯令曰以尔壤
生物共玄官請四輔將以禮上帝
八會諸侯令曰立四義而毋議者尚之
於玄官聽於三公（第下文千里之外二千里之
內諸侯三年而朝習？命注
因朝而習　二年三卿使四輔一年正月朔日令大夫來修受命三公）
習教命

二、宗教

「夏祝」、習夏禮者也」「商祝」、習商禮者」

「祝習周禮者也」

士喪禮注

祈於四鄘

左昭十八鄭災「禳火於玄冥回禄祈於四鄘」

注鄘城也城積土陰气所聚故祈祭之

禳火之餘災

宗教

玄冥回祿

左昭十八鄭災「禳火於玄冥回祿」注玄冥

水神回祿火神

宗教

江神取童女

李冰文翁與江神鬥

水經江水注 卷卅三 頁56

廩君射殺鹽水神女

夷水注 卅七

東水注 卷·十二

宗教

西山帝女

山經汪紱注 四〇·三

一宗教

宗教之視酋長

一 為神之裔 二 為神之代表 三 其本即神

巫覡

有時亦自信　其初由於自欺　學案三三三　參六新證女丑飢

隱處既久亦相久之異狀自見常習之竟足

以自發於其境外

魘魅人外多見目的妖巫

宗教

崇祀動物

野人視察物皆以生意生物且並況[redacted]生物為卑　動物

尤多大且猛者　又以狡者如狐　毒者如蛇　噬者如梟

又以之蓄者如貓[redacted]

實

以崇拜靈之而名者　動物多數

六合

萬國倭民人學 文化人類學宇宙の六方部 二九六

北	色黃	山獅
西	藍	熊
南	紅	貛
東	白	狼
上	各色全	鷲
下	黑	鼹鼠

以右代表此六物，並加長鏃及羽，祝其上，是為獵神。此六物各治其方。

華人與神

神之與人殊分[illegible]界限，不可以限間長要距度見了

若神若人，實無自體矣

古代之教學言語，達於人[illegible]（司神之旨）包括見三〇，東藏付面

神之職則成人，總集古之户，剛柔之要見了

我亦是之

為地神，要之長為全地之神，人信其不之自相將

欲排萬之侍，信皆之罪，使其萬人稽殺之哉

潛殺之

靈均當作 見六八頁第二及五

青史須ゝ書均石等 知小 見郭氏倉部落多卅 其簡如

瑯邪瑯無其諸是之彝與近後神矣

佛象　大仁人數　学子五九

我以草堂　知身　我乃來我以石造成[redacted]于此　那畢可　令以壯

另中五西位佔五一廿

星人今日所引我雜害一　然系我也所謂學　我甚恭也

罔兩

莊子寓言 齊物論 天地篇黄帝遺玄珠 淮南子十二 俞平議

中國古代旅行研究頁46

國語魯語作罔象 七諫頁93 淮南頁94

淮南人間頁117

圖騰

信自並物與人之關係　非特指一物乃以其類行

于其羣即爲羣人中　澳洲土人謂之科普　見文化人類學　二九二

澳洲人自謂出於圖騰此羣則信爲保護神

其不以爲其祖先所以之自信爲植物

之神其見文化人類學291

或見物爲名又而致禍

原教

野人精神表見為宗教 哲学觀人生 科学對事物解釋

皆苞其内

其習俗之根原在焉

民初畏其神 常以不能應付 視物皆以人擬之 於己有力

覺自然之力大則生仰賴之 一方又見之程成人

民由此造神

凡宗教皆由名人之思想積漸而成

個人本為接受並其思想加以公共儀式生其神秘

之感

魘術

蠻人中偏有宗教却少 或云同原而異物 或云

初合而爲一宗教社會化魘術亦爲法律亦何

其意信須爲之因果同因也知自然第一誤[illegible]序（同系）

至後之結果此與科學同爲（近）一確一不確耳

宗教信事物有管理者此則視自然爲機械的不

求右 其術多爲家物聯結而重之爲證 然所

求諸爲不材之事也所謂不材非人所材或合不材

魂

生氣（文化人類學三の九）物之所以活動也動物皆有生人有魂 故可憑附他物

卵之雛蛹之蝶皆生也樹枝姬蜓草木葉皆信

為物於變化

生氣之說原于臘丁曰風呼吸以靈魂等言

寄魂（隱之言）本綱 故其化常無形

使人信有魂者 影 響 夢（野人以其事為實） 厥 癡

癇　信魂可離形，死其不的時[redacted]耳，忽棄故（日亡）

故以後也

[redacted]鬼所在

- 稱曰附身焉 附物通
- 雜居人世
- 別一世界
  - 天上
  - 地下
  - 日沒之處
  - 遠之處

鬼界情形擬議至一方氏人世之反映也

人民皆信其君鬼人之，護其君神祇時乃見焉

原始由埋塚之先而生不知之意来則推其當崇
祖先初為貴人得成英傑再進成神
明器殉葬凡厚葬皆信有鬼而起

宗教因所處之境而異

平野無山神山間無水神内地無海神

天父地母之思想大氐起於耕農時 秘魯人稱海曰海母

見文化人類學二八三

水火有用而力大 火祓不祥甚至可以治病 水清

水潔 石異形者石特異功用者泉 如廿、瓦見宗教

日月星光明 古以閒星地以日稱月以南美州土人

謂雄月雌生物 星出沒可以定時故多視為司氣候

廿 天以日管理人之命運說人與星以關係為古說座

民惟　閭石亦多崇敬
星也

高方之山常視乃神靈棲止之所

森林亦恒視為神之所居

魑魅魍魎所以居叢祠也　蓋古人故居森林中

叢語廟字之義為樹　見文化人類學二九一

乃奉以為神所馮依托是佑生

馬那（見文化人類學二八〇）

人之初，蒙覺四周之可畏怖耳，日乃傳說物（最久始部落）或以（掌花祖之）為賦之形化，具體。其或信其精靈是云生氣，偏在所謂馬那，則是也（馬那物）（諸□之）

勉案：精氣游魂之見，蓋原於此罔兩，亦忽恍之意也。

宗教

神話

神話者，由實在事物而生之幻想，亦皆具宗教性，而多與宗教相關，以人據理本信宗教觀念之真因，大抵難信，仰之理由構成一系統，以應人求知之欲。

神話大抵互相沿誤，莫計言其緣起，野人即信為實事。

[redacted]多說宇宙事物之起原乃 大抵社會生活之反映如

原宇宙 原神 原人 原動物 原植物 原無

萬物 萬類 反常自然現象 特種 氏族

英雄 社會制度 事物發明 歷史

一宗教

崇拜萬象

元指宗教之種觀念皆以特以時重輕耳

大抵崇拜無生物植物者較之動物者較

多人則各處以之且甚早

宗教

魔術

知為何以象敵以針刺之 陝西 蠱則殺一 又自一物為之材 和

利人頭埋人髮爪則其人死 相觸之物 勉去年如豫

故慎藏之 應當包衣准此 讓新衣

宗教

禁五

印杏布 貝文代人數 學三一八 如不敢食牛膝者遲鈍如牛七

杏布乃婦女相誘其多之辭 魁案吉

宗教

占卜

動物鳴聲　何發來休戚外物／戚己事　夢　星

人爲之法筮知卜

宗教

多神 二神 一神

多神也只須祭各各作用各治一事

二神一善一惡相爭不息以神為善而惡不別立一神以惡歸之猶太回教

皆然

一神為最高之神

宗教

古代已有一神教

見文化人類學頁三一一

宗教

允文知生梁父重九

此種說明法一幕山圖曰泰山在左允文在右允文

知生梁父重九

襄

五時

水經渭水注 18.45

宗教

墨子言鬼神

非攻下篇云　上中天之利　中中鬼之利　下中人之利

天志　天下政於天子（義自天出）　順天意者兼相愛交相利必得賞

天意者別相惡交相賊必得罰　天兼愛天下之百姓

殺一不辜者必有一不祥　順天之意者義政　反天意者力政

宗教——祭祀

祀高子禖廟　古字考

宗教—神仙

古南無氏古昭廿

宗教

胡玉縉語社稷篇文別集許鄭之辨非

求古錄禮說八 社稷考

燔柴於奧鄭注奧當為爨解

經訓書院自課文二十九

宗教

冬祀行辨

求古録禮説卷七 秦月令冬祀行淮南時則訓作冬祀井 班固白虎通及劉昭范曄高堂隆皆然

周官多言大祭祀小祭祀罕言次祀

惟肆師言次祀國之言中祭

日祭月祀辯

原古録神話補遺

宗教

「社絶祭祀地トナシ江東中埋葬地、其神亜無枯子孫也、
死向蹟於中江而葬之、其神即使厲禍其人殃
古林三十里」

宗教

信有靈魂

各民族多然 其稱魂皆影、氣一類字

鬼 蓋生來當然見解以信有魂為本

由此成祖先崇拜 見民族學27

有以靈魂非一者 古埃及人謂靈魂分部生列

合死則離 我國亦有三魂七魄之說

昏厥 睡眠皆以為魂暫離 故信夢 死為魂離

故行招

宗教

拜物教　见民俗学 26

物皆精靈，能作祟

崇拜工具　東古祠寺、設萬礙

神物
- 護符
- 厭勝

一、宗教

圖騰

非洲馬賽族有之，見民族學原理似。以為與宗合則
親也。此等人以其生於某物，故鄭重之，亦不
敢食。與其謂所食物之魂將由此而入己體。
食其物亦可得其性質
同食一物 合餐同宗之做民族亦甚多
名或剽亦可避粥

宗教

崇拜動物

動物之力易倍為過於人

又動物與人分別不清　做華故事以動物為主人

忽如人忽如禽　動物可化人　自信出於動物

宗教

崇拜植物

衣食住藥賴焉 足毒者 足刺戰搏者 由需要神秘而生

崇拜

安達曼島人以為人出於竹 安南同竹王三郎神也

一、宗教

死後靈魂

在此世界者　或化為他物　或輪廻　曰輪廻之說
之民族甚多

往他世界　或天上　或地下　或孤島　東淨土之說

以此為本也　其生活多仍如人　老壯疾病等　家人仍可
團聚但無嗣於生子者

葬儀多利使在他世界安樂　物如曰殉　物或以人　亦因其善

惡曰報於天堂地獄則是　又曰無物之游魂東西

重葬殉可棲于物　善者祔享　和平可親者　遂為崇
力强于人

拜祖先　最多　惡者祔享　祓除為一肥一禁一　因之
如桃符爆竹

宗教

多神教 見民俗學32

以同職業而生的各種〻職業則各種〻神靈 人心專如

地方相類似

其所信神比 自然物 自然力 天上 雨來 如水 大風 櫟樹 杉桂

將發展 發展要神比 人刻 聖地 英雄 祖先 精靈 鬼居人世隱

[redacted]火餘燼 影不定之年空形怪

物有 見下

最高之神不切 崇拜其多數神者時所求之

宗教

崇拜

借獻、拜、禮、焚、祈、求教、求救、去所、村廿皆
生活上事難、求而賴精神

宗崇拜生死觀、或為神所附身耶，正以好同

私以湘土或妖媽馬書白術

宗教

巫

占卜豫言 能力或出天生或由習得 始生人可爲
神 象如西藏活佛既爲國王
占卜之豫兆也 皆理的於神秘豫測方來 占卜之
莫開 計其得列某神謝

宗教

魔術

巫祝巫詛 其意以制敵自生 役使精靈 殺害仇敵 助成事務 亦可曰在於役物制人 此〻此古

抵多神經質或有ㄟ病ㄟ人尤其類種

其律曰感應(一)本其子散ㄟ一部分如髮(二)等ㄎ相接其物

衣時可施術 日象徵知象人利首其 以及執其所接觸ㄟ力

制敵稱此為[illegible]厭勝

既該為魔術要素 常被廣 誦時亦不在此嘛業佛家 既即此

其須知其作法(一動作二咒語三所用物)即此ㄟ

宗教

望氣

勉案越絶外傳已記軍氣之篇蓋其術也

宗教

天反時為災地反物為妖民反德為亂〻

則妖災生

左宣十五

其氣燄以取之

莊十四

吉凶由人

僖十六

國無政不用善則自取謫於日月之災

昭七

宗教

國亂無象不可知也 左襄九

不在天道在君德 左襄十八

嫠也何害先夫當之矣 左襄廿五 妻惡臣謂及相不祥人田文之父不舉育文皆此

觀 子靈之妻殺三夫一君一子而亡一國兩卿矣 昭廿八

鄭人相驚以伯有 鬼有所歸乃不為厲 人生始化曰魄既生魄陽曰魂用物精多則魂魄強是以有精爽至於神明 匹夫匹婦強死魂魄猶馮依于人以為淫厲 左昭七 以之精爽是謂魂魄 昭廿五

石不能言或馮焉不然民聽濫也 左昭八

宗教

隧而相見 左隱元 豈見古人之重於誓

鬼神非其族類不歆其祀 杞鄫何事 左僖卅一

非其鬼而祭之 論語為政 不孝有三無後為大 孟子

雖無上 神不歆非類民不祀非族 左僖十 互見

新鬼大故鬼小 左文二 鬼猶求食 左宣四

邾文公遷繹君子曰知命 左文十三

赤黑之祲非祭祥也喪氛也 左昭十五 望氣 昭廿

禜可移於令尹司馬 左哀六

宗教

天道遠人道邇 左昭十八 吾無求於龍龍亦無求於我 昭十九

閏猶于日日謂日上東此有神物受也似見史記注 左昭廿

彗不可禳 左昭廿六

雖其善祝豈能勝億兆人之詛 左昭廿

龜焦不從 左定九 哀二

祈于四鄘 左昭十八 亦祭坊與水庸

死者若有知也可以歆舊祀豈憚焚之 左定五

宗教一相

豺狼之聲 昭廿八 東望背豺聲 予文言題耕

「甲寅夏秋兩月」

十月之交案

五行之散

左腦十二月腎之多矣其最易材而腐用之由盡

而散之是以無振振不可復振　法全書以下

十五年前物用久則必自散散之則必弃損姑言

無極之拯救助也不可復振拯溺不可復振

天之諸稱

古尚書說與毛詩同 見詩悠〻蒼天彼何人哉疏

列異義

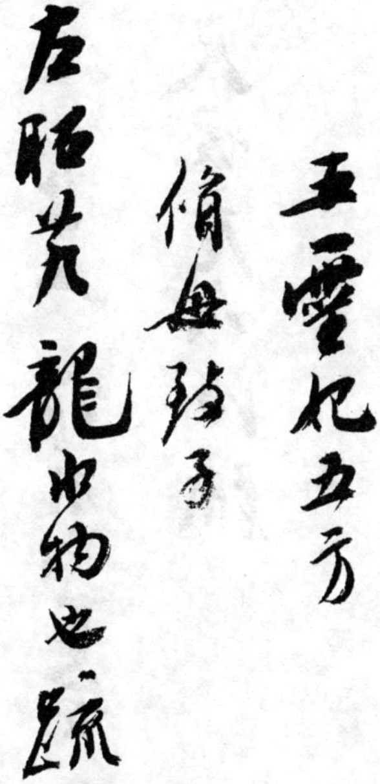

牛土 雞木、犬金 羊火 豕水

天官庖人注疏

宗教

皇天大帝

又宣三（帝牲不吉）解詁「帝、皇天大帝、在北辰之中、主總

領天地五帝羣神也」

宗教

惡死人

檀弓下 君臨臣喪以巫祝桃茢執戈惡之也 所以異於生也

左哀十五 楚之子西子期伐吳 陳侯使公孫貞子弔焉及良而卒將以尸入吳子使大宰嚭勞且辭……上介芋尹蓋對曰……先民有言曰無穢虐士 注虐士死也

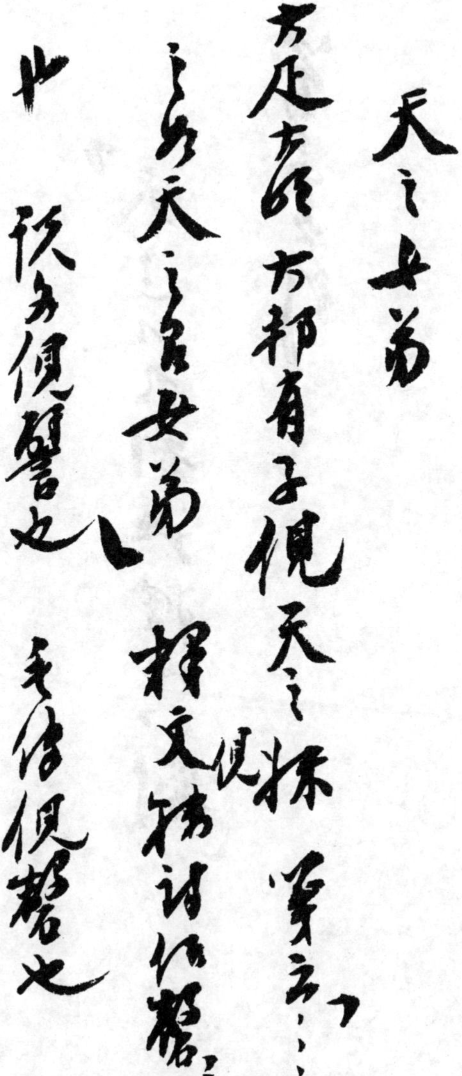

「天道以九制地理以八制」

管子五行

宗教

「月歸於西起明於東月歸於東起明於西」

大戴語志

宗教

太一五帝

司馬相如大人賦：使五帝先導兮反太一而從陵陽（史記本傳）

宗教

人見某為神

見之化人利學知一能事精通其例也

天演天主之為神

富啟

積天等函名

見古代人類學引論

魔術及荅布

文化人類学 314 又 339 367 384

占卜

又 319

犧牲

又 321

祈禱

又 326

宗教

神話

古代人類學 334

宗教

薩滿

文化人類学329

哭不市

右昭十八鄭火「三日哭國不市」

宗教——卜筮

龜策傳神龜出江淮之間淮當作灌

此據水經注 卅二·三

薩滿 文化人類学三二九

行於西伯利亞及亞洲北部地區 亦于此種加

以人爲儀

其意所最親愛者爲神者 會自成

則大抵聽其聲尋其蹤跡以之爲神

補積

言義求助，或曰元繕臣之以其爲人請之自辦所

我曰明趨補積，乞以補爲善，又給人無是之

言也

祭品

初以為神諸耶之故也，祭日神則擲入火內燒

乃焚而歆其氣焉　血濺、何處之也其遺

高處　地界景鐘

其剩與

宗教形質

神話啓如慧[redacted]其餘也

儀式動其情感，盛其形也。在儀式之下

原始心理之爲　若存自動者境界中則

理知甚矣

宗教

惡神魂靈在地乃住桂樹

出經陰陽法（第六一）

搏壽人

世界語和國音一貫文化之新學

338

宗教

三位一體

即三神合一見於代人類學三一之如基督教聖父聖子聖神又如伏陀之梵天創造毘濕奴保守濕婆破壞

宗廟

夫不在祭，使他人攝之，婦猶自行事

詩角枕粲序箋

一宗廟

顯考

祭法指高祖　讀禮通考云元時以宗爲乃上

之稱改稱曾顯考

宗教

非焚巫尪

檀弓 又左僖廿

「西方人名屋梁為極」

漢書枚乘傳注引孟康

物死曰材

或言材即札

怪物

舉凡山林川谷丘陵能出雲為風雨見怪物皆曰神　注怪物雲氣非常見者　疏慶雲之屬也

天道是邪非邪亦各從其志也

史記伯夷列傳

封禪之見於經者

一封禪之見於經者，唯大宗伯云「王大封，則先告后土」，以外更無有文也。禮器?云「因名山升中于天，而鳳凰降，龜龍假」，雖不言封禪，亦是封禪之事」詩時邁序箋疏

魈

廣州山魈出江而獨足鬼

魯語五之四

宗教

子卯

士喪禮朝夕哭不辟子卯 注子卯桀紂亡日

凶事不辟 吉事闕焉

宗教

鬼神尚幽闇

雜記 朝夕哭不帷 注 緣孝子心欲見殯肂也既出則施其屋鬼神尚幽闇也

故字

非攻即吳鈔本作則與上文同故曰擇務而從事焉舊本挩攻故二字王據上文及非攻篇補蘇謂曰當作日非子墨子出曹公子而於宋舊本出上有曰字王云此本作子墨子出曹公子於宋猶上文言子墨子游公尚過於越也今本衍曰字而字則義不可通俞云王說是也然出字義不可通出當為士字之誤史記夏本紀稱以出徐廣曰一作士是其例也士與仕通子墨子士曹公子於宋即仕曹公子於宋也貴義篇曰子墨子仕人於衛案王校是也蘇說同今據刪曹公子亦墨子弟子三年而反睹子墨子曰吳鈔本睹作覩始吾游於子之門短褐之衣畢云短从豆聲讀如裋案詳非樂上篇藜藿之羹舊本挩藜字之字王以意補朝得之則夕弗得祭祀鬼神祭祀不以藜藿又不當在夕此疑當重弗得二字言雖藜藿之羹尚不能朝夕常給故不得祭祀鬼神也今而以夫子之教句家厚於始也舊本無今字又教作政王云此言吾始而家貧今而以夫子之教家厚於始也今本脫今字教字又誤作政則義不可通案王校是也今據補正俞云政乃故字之誤蓋子墨子仕曹公子於宋則宋必致祿故曰以夫子之故家厚於始也耕柱篇曰君以

夫子之故致禄甚厚案俞説亦通有家厚此與上文複疑厚當爲享有讀爲又言又於家爲享祀周禮謂人鬼爲享周書嘗麥篇云邑乃命百姓遂享于家謹祭祀鬼神然而人徒多死六畜不蕃身湛於病内則鄭注云湛猶漬也吾未知夫子之道之可用也子墨子曰不然夫鬼神之所欲於人者多欲人之處高爵禄則以讓賢也多財則以分貧也夫鬼神豈唯擢季拑肺之爲欲哉王引之云季蓋黍字之譌祭有黍有肺故云擢黍拑肺蘇云季疑當作肝意言鬼神非徒貪嗜飲食者也案王校是也説文手部云擢引也拑脅持也於此義並無取竊疑擢當爲攫之譌呂氏春秋任數篇云顔回攫其甑中而食之曲禮云飯黍毋以箸又鄭注云禮飯以手即所謂攫也拑義未詳今子處高爵禄而不以讓賢一不祥也多財而不以分貧二不祥也今子事鬼神唯祭而已矣而曰病何自至哉是猶百門而閉一門焉曰盜何從入若是而求福於有怪之鬼此義難通據下文疑亦當作求百福於鬼神豈可哉魯祝以一豚祭而求百福於鬼神子墨子聞之曰是不可今施人薄而望人厚則人唯恐其有賜於己也今以一豚祭而求百福於鬼神當重鬼神二字唯恐其以牛羊祀也古者聖王事鬼神吴鈔本無者字祭而已矣謂無所求也禮器云祭祀不祈鄭注云祭祀不爲求福也今以豚祭而求百福則其富不如其貧也彭輕生子曰疑亦墨子弟子往者可知來者不可知子墨

宗教

鬼

墨子明鬼下「有天鬼亦有山水鬼神者
亦有人死而為鬼者」

感應

管子七臣七主……春凋秋榮冬雷夏有霜雪皆氣之賊也刑德易節失次則賊氣遫至賊氣遫至則國多菑殃[redacted]

暑

居隱元闕地及泉隧而相見

盟詛亦不異 人及亦曰詛此 盟詛所用牲

詩何人斯以詛爾斯疏

五帝之名　靈威仰等　見春秋文耀鉤

詩謂然而帝也疏　未見出華宣三帝姓不書

疏

「子之禽鼠卯之獸兔也」

論衡譏日

云

禮運　是故夫禮必本於大一分而為天地轉
而為陰陽變而為四時列而為鬼神其降
曰命

六府

大戴四代水火金木土穀此謂六府廢一不可進？

一不可民並用之

案禮運言水火金木飲食

宗廟

昭穆

續書祭祀志注決疑要注曰凡昭穆父南面故曰昭昭明也子北面故曰穆穆順也始祖特於北其後以次夾始祖而南昭在西穆在東相對

故字

雲气　日月　妖孽

吕思勉题

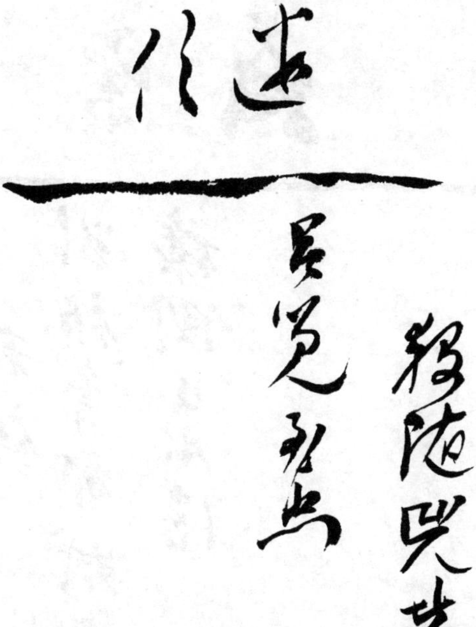

歲時

秋禊

劉禎魯都賦：素秋二七（七月十四），天漢指隅，人胥祓禳，國于水渚

宗教

東海之子—海神

[illegible]山[illegible]收輕重淮[illegible]之[illegible]—

湘君湘夫人非堯女乃楚俗祀湘山神 天妻二人

陔餘叢考十九

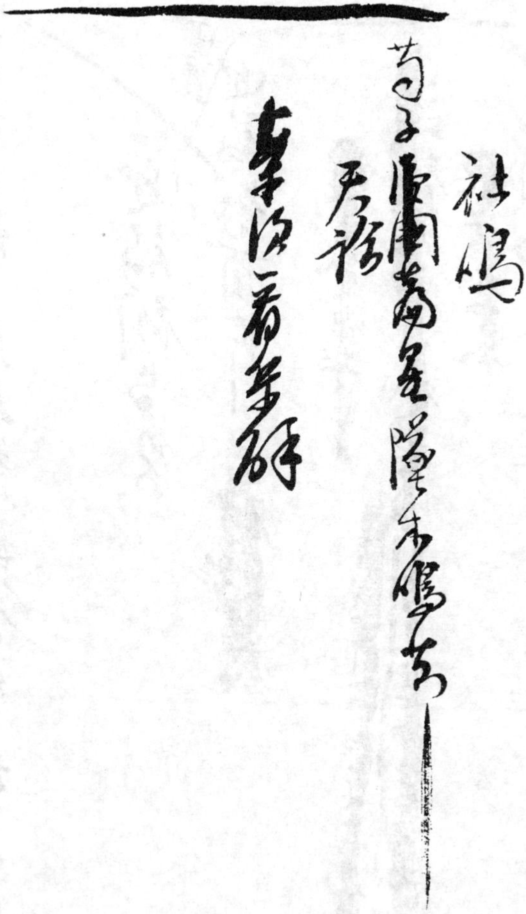

[illegible]

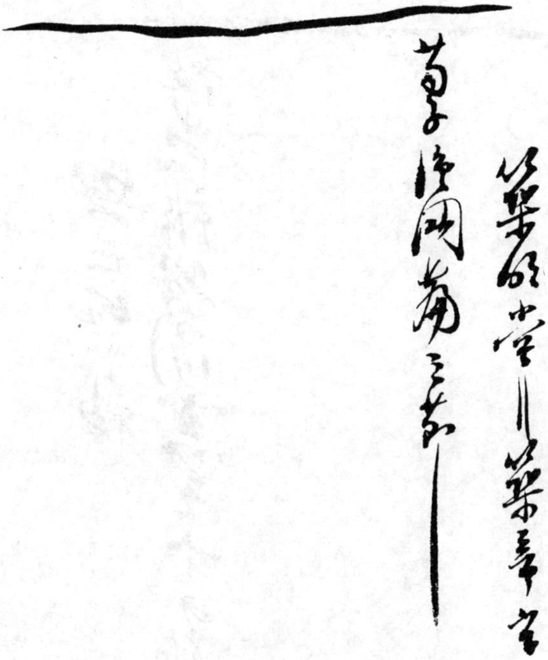

四正時之神

說苑辨物 周書卷十月年分象

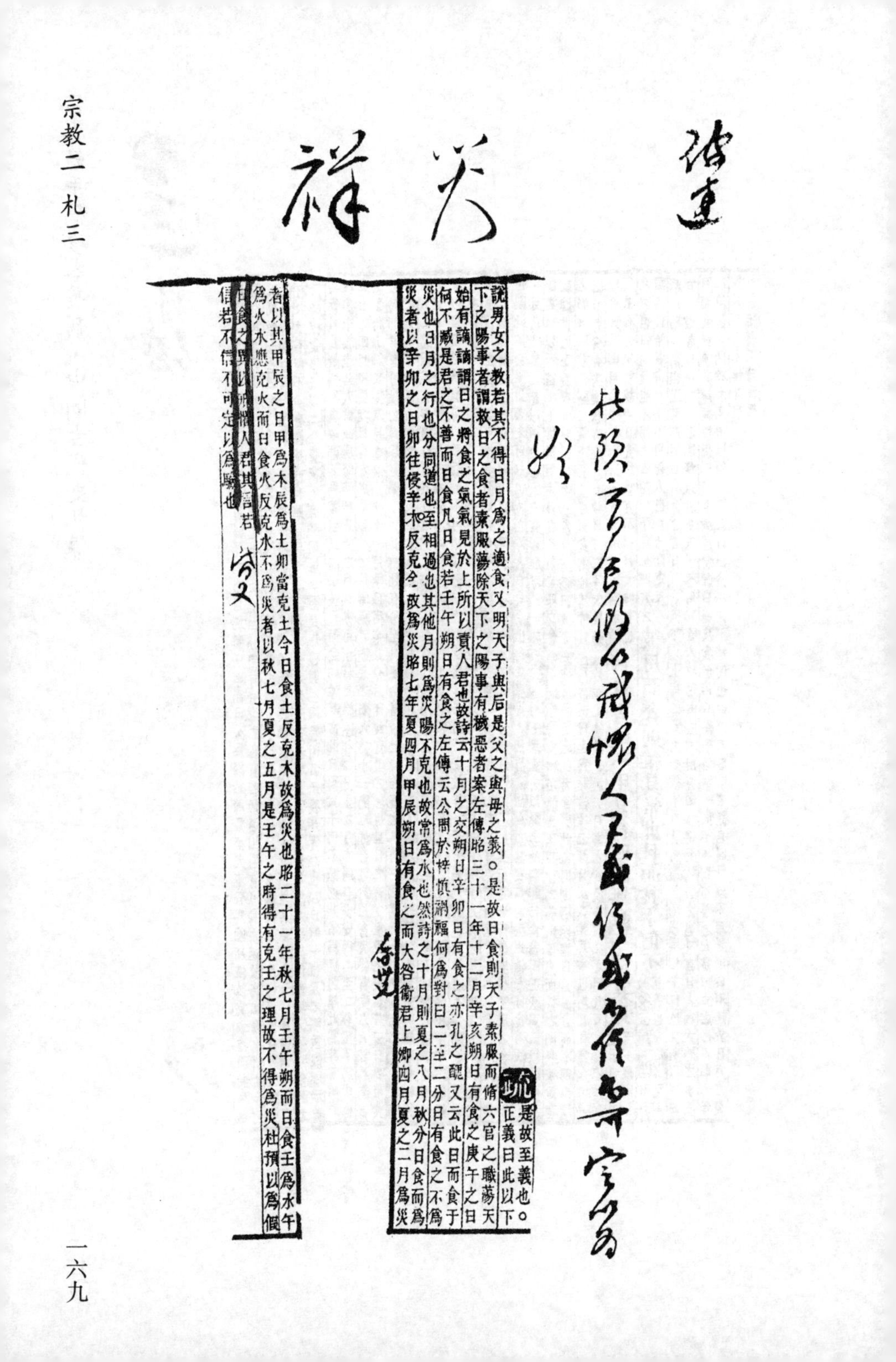

[illegible]

災祥

疏 是故至義也。正義曰此以下說男女之教若其不得日月爲之適食又明天子與后是父之與母之義。是故日食則天子素服而脩六官之職蕩天下之陽事者謂救日之食者素服蕩除天下之陽事有穢惡者案左傳昭三十一年十二月辛亥朔日有食之庚午之日始有讁讁謂日之將食之氣氣見於上所以責人君也故詩云十月之交朔日辛卯日有食之亦孔之醜又云此日而食于何不臧是君之不善而日食凡日食若壬午朔日有食之左傳云公問於梓慎禍福何爲對曰二至二分日有食之不爲災也日月之行也分同道也至相過也其他月則爲災陽不克也故常爲水也然詩之十月則夏之八月秋分日食而爲災者以辛卯之日卯往侵辛木反克金故爲災昭七年夏四月甲辰朔日有食之而大咎衛君上卿四月夏之二月爲災者以其甲辰之日甲爲木辰爲土卯當克土今日食土反克木故爲災也昭二十一年秋七月壬午朔而日食壬爲水午爲火水應克火而日食火反克水不爲災者以秋七月夏之五月是壬午之時得有克壬之理故不得爲災杜預以爲僞日食之異必應驗人君其言若信若不信不可定以爲驗也

[illegible]

以日食之中分爲差降也以正月爲夏之四月純陽用事而日又爲陽於時最盛尤不宜爲陰所侵故爲最重而特用鼓幣也其他月則非正陽故爲差輕也至於二至二分固有分至之名宜若同道相過有可食之理故爲尤輕也計古今之天度數一也日月之食本無常時故厤象爲日月交會之術大率以百七十三日有奇爲限而日月行天各自有道雖至朔相逢而道有表裏若月先在裏依限而食者多若月先在表雖依限而食者少杜預見其參差乃云日月動物雖行度有大量不能不少有盈縮故有雖交會而不食者或有頻交而食者唯正陽之月君子忌之是月食無常時非分至之月必相食也正以二分晝夜等有類同道二至長短極似若相過因名示義非實然也以日體一也食之輕重假理示義

其實日食皆爲異矣故鄭駮異義引此詩云彼月而食則維其常此日而食于何不臧則非常爲異明謂此爲非常明春秋爲示義也若人君改過修善雖正陽之月禍亦可消若長惡遂非雖分至之月亦將有咎安得二至二分獨不爲災也昭七年四月甲辰朔日有食之是春分之月傳稱晉衛惡之衛大魯小云衛地如魯地於是有災魯實受之大咎其衛君乎魯將上卿其年八月衛侯惡卒十一月季孫宿卒此分月日食有災之驗也且日之有食象臣之侵君若云日有可食之時則君有可殺之節理豈然乎以此知雖在分至非無災咎故此食在夏之八月云爲異尤大也然日月之食於筭可推而知則是雖數自當然而云爲異者人君者位貴居尊恐其志移心易聖人假之靈神作爲譴戒耳夫以昭昭大明照臨下土忽爾殲亡俾晝作夜其爲怪異莫斯之甚故有伐鼓用幣之儀貶膳去樂之數皆所以重天變警人君者也而天道深遠有時而驗或亦人之禍釁偶與相逢故聖人得因其變常假爲勸戒使智達之士識先聖之深情中下之主信妖祥以自懼但神道可以助教而不可以爲教神之則惑衆去之則害宜故其言若有若無其事若信若不信期於大通而已矣經典之文不明言咎惡而公家董仲舒何休及劉歆等以爲發無不應是知言禨祥之義未悟勸沮之方杜預論之當矣日月之食大率可推步而知亦有不依交限而食者襄二十四年秋七月甲子朔日有食之既八月癸巳朔日有食之於法算前月之日食既則後月不得食而春秋有之又此經云日月告凶不用其行箋云行道度也不用之者謂相干犯則此依交限以否未可知也古之厤書亡矣今世有周厤魯厤者蓋漢初爲之其交無遲疾盈縮考日食之法而其上年月已往參差是以漢世通儒未有以厤考此辛卯日食者而王基獨云以厤校之自共和以來當幽王世無周十月夏八月辛卯交會欲以此會爲共和之前其在共和之前則信矣而校之則無術說者或據世以定義矣。箋微謂至其常。正義曰下章云彼月而食此日而食與此微同則不明謂日月被食而不明也謂之微者取君微弱之義下云彼月而食則維其常月食爲常則日食爲非常故云此日反微非其常也周禮春官大司樂云日月食令去樂秋官庭氏有救日月之弓矢昏義云陰事不修謫見於天月爲之食漢書天文志曰凡日食修德月食脩刑如此則月食相類而云常者義取君可無理殺臣不有以犯君故以日食爲重耳不謂月食非異也

日月告凶不用其行四國無政不用其良箋云告凶告天下以凶亡之徵也行道度也不用之者謂相干犯也四方之國無致治者由天子不用善人也。治直吏反

彼月而食則維其常此日而食于何不臧箋云臧善也

疏日月至不臧。毛以爲幽王時所以日有食之者日月告天下以王有凶亡之徵故不用其常道度所以橫相干犯也又所以有凶亡之徵者以今四方之國無政者由天子不用其善人故也由王不用善凶亡將至故告之也又言日食爲大惡之事彼月而食雖象非理殺臣猶則是其常道今此日而反食於何不善乎猶言一何不善爲不善之大是凶亡之徵也昭七年左傳晉侯問於士文伯曰詩所謂此日而食于何不臧何也對曰不善政之謂也國無政不用善則自取謫於日月之災故致不可不慎是也

。鄭唯厲王時爲異

見官職不脩君臣南冠如夏氏知篤夷將亂子貢見公執玉卑知其替死也刑者若夷吾忌克多怨君子知其不終也吉
凶有二陰陽調序四海玉燭時吉也陰陽錯逆寒暑失度民多癘疫五穀不登時凶也父慈子孝君義臣忠人吉也父不
父子不子君不君臣不臣人凶也**退而告人曰君失問是陰陽之事非吉凶所生也**言石隕鷁退陰陽錯逆所爲非人所生襄公不知陰陽而問人事故曰君
失問叔興自以對非其實恐爲有識所譏故退而告人○錯七落反**疏**注言石至告人○正義曰劉炫云言是陰陽之事也則知事由陰陽若陰陽順序則物皆得性必無妖異故云陰陽錯逆所爲非人吉凶所生也傳稱天反時爲災
地反物爲妖人反德爲亂亂則妖災生洪範咎徵曰狂恒雨若之類皆言人有愆失乃致陰陽錯逆而云陰陽錯逆非人
所生者石隕鷁飛事由陰陽錯逆陰陽錯逆乃是人行所致襄公不問己行何失致有此異乃謂既有此異將來始有吉
凶故荅云是乃陰陽之事非將來吉凶所生言將來若有吉凶協此石鷁之異耳非始從石鷁而出也襄公不知陰陽錯
逆爲既往之咎乃謂將來吉凶出石鷁之閒是不知陰陽而妄問人事故云君失問也叔興若以實對當云由君愆失致
有此異今乃別以政刑他占横說齊亂魯喪自以對非其實恐爲有識所譏故退而告人以此言也服虔云鷁退風咎君
行所致非吉凶所從生襄公不問己行何失而致此變但問吉凶焉在以爲石隕鷁退吉凶何從而生故云君失問是劉
炫用服義爲說也今删定以杜注云石鷁陰陽錯逆所爲非人所生則陰陽錯逆自然有此非由人事之失致此錯逆又
吉凶不由石鷁所生故傳云是陰陽之事非吉凶所生是吉凶不由石鷁石鷁不由於人則吉凶之來別由人行得失耳
故釋例云或異而無感或感而不可知如此之類是也其傳云亂則妖災生洪範曰狂恒雨若此皆假之陰陽以爲勸戒神道助教非實辭也但聖賢之說未知孰是故兩載其義以俟後賢**吉凶由人吾不敢**
逆君故也積善餘慶積惡餘殃故曰吉凶由人君問吉凶不敢逆之故假他占以對○殃於良反**疏**注積善至以對○正義曰積善餘慶積惡餘殃易文言文也言將來吉凶由人行所致行善則有吉行惡則有
凶吉凶自由於君不從石鷁而出吾不敢逆君之心故假他占以告之**○夏齊伐厲不克救徐而還**十五年齊伐厲以救徐

字叙

吳兄弟相及季子讓國

速祈

○吳子使札來聘吳無君無大夫此何以有君有大夫 据向之會獨國○札側八反 疏 注据向之會稱國○解云即上十四年季孫宿叔老會晉士匄以下會吳于向是也 賢季子也何賢乎季子 据聘不足賢而使賢有君有大夫荊人來聘是也 疏 注荊人來聘是也○解曰即莊二十三年夏荊人來聘是也然則彼亦來聘而但稱人則知來聘之功不足褒美今得加文故怪之 讓國也其讓國奈何謁也餘祭也夷昧也與季子同母者四 與并也并季子四人 季子弱而才兄弟皆愛之同欲立之以爲君謁曰今若是迮而與季子國 迮起也倉卒意○迮子各反起也卒七忽反 季子猶不受也請無與子而與弟弟兄迭爲君 迭猶更也○迭大結反更也更也音庚 而致國乎季子皆曰諾故諸爲君者皆輕死爲勇飲食必祝 祝因祭祝也論語曰雖疏食菜羹瓜祭是也○祝之又反又之六反注同疏食音嗣 疏 注敵諸至爲勇○解云言其或輕其死或爲勇事即餘祭曰論語鄉黨文言雖疏食菜羹及瓜質薄之物亦必祭其所先君子有事不忘本也引之者證飲食有祭之義吳子因此祭而得自祝也 曰天苟有吳國 猶曰天誠欲有吳國當與賢弟 疏 注猶曰至賢弟○釋曰言天誠有吳而不滅之當將國以與賢弟也 尚速有悔於予身 尚猶努力速疾也悔咎予我也欲急致國于季子意 疏 注尚速至予身○解云案成十七年左氏傳云晉士燮祈死下何氏作膏肓難之曰休以爲人生有三命有壽命以保度有隨命以督行有遭命以摘暴未聞死可祈也昔周公之隆天不出妖地不出孽陰陽和調災害不生武王有疾周公植璧秉珪願以身代武王疾愈周公不夭由此言之死不可請偶自天祿欲盡矣非果死今左氏以爲果死因著其事以爲信然於義左氏爲短然則今此謁等亦自祈死而得難左氏者公羊此事直見謁等愛其友弟致國無由精誠之至而願早卒遂忘死不可祈之義矣猶如周公代死子路請禱之類豈言謁等祈得死乎而謁及餘祭之死或入巢之門或閽入所殺抑亦事非天眷也豈如左氏以果死爲信然故得難之 故謁也死餘然則季子仁者知兄如此何不早去而令三君遇咎自悔者蓋謁等但爲密謀季子不知是以未去耳

公

襄廿九

上帝

宗教

上帝

肆類于上帝　釋文　王云上帝天也　馬云上帝太一神

在紫微宮天之最尊者

傳堯不至五帝。正義曰傳以旣受終事又察璣衡方始祭於羣神是舜察天文考齊七政知巳攝位而當於天心故行其天子之事也祭法云有而下者祭百神徧祭羣神是天子事也肆是縱緩之言此因前事而行後事故以肆爲遂也類謂攝位事類旣知攝當天心遂以攝位事類告天帝也此類與下禋望相次當爲祭名詩云是類是禡周禮肆師云類造上帝王制云天子將出類乎上帝所言類者皆是祭天之事言以事類而祭也周禮小宗伯云天地之大烖類社稷則爲位是類之爲祭所及者廣而傳之類謂攝位事類者以攝位而告祭故類爲祭名周禮司服云王祀昊天上帝則服大裘而冕祀五帝亦如之是昊天外更有五帝上帝可以兼之故以告天及五帝也鄭玄篤信讖緯以爲昊天上帝謂天皇大

十三經注疏　書二　虞書　舜典　十三

帝北辰之星也五帝謂靈威仰等太微宮中有五帝座星是也如鄭之言天神有六也家語云季康子問五帝之名孔子曰天有五行金木水火土分時化育以成萬物其神謂之五帝王肅云五行之神助天理物者也孔意亦當然矣此經惟有祭天不言祭地及社稷必皆祭之但史略文耳

方色
五祀

宗族

方色

〇曾子問曰諸侯旅見天子入門不得終禮廢者幾旅衆。幾居豈反下同。孔子曰四請問之曰大廟火日食后之喪雨霑服失容則廢大廟始祖廟宗廟皆然主於始祖耳。霑竹廉反。如諸侯皆在而日食則從天子救日各以其方色與其兵示奉時事有所討也方色者東方衣青南方衣赤西方衣白北方衣黑兵未聞也。衣於既反大廟火則從天子救火不以方色與兵。曾子問曰諸侯相見揖讓入門不得終禮廢者幾孔子曰六請問之曰天子崩大廟火日食后夫人之喪雨霑服失容則廢夫人君之夫人〇曾子問曰天子嘗禘郊社五祀之祭簠簋既陳天子崩后之喪如之何孔子曰廢既陳謂夙興陳饌牲器時也天子七祀言五者關中言之。禘大計反簠音甫徐方于反又音蒲簋音軌饌仕戀反又仕轉反下同〇曾子問曰當祭而日食大廟火其祭也如之何孔子曰接祭而已矣如牲至未殺則廢接祭而已不迎尸也疏曾子至則廢。正義曰此一節論行禮有故不得終之事各依文解之。○獨大廟至祖耳。○正義曰公羊傳云周公稱大廟魯之始祖也則諸國皆然餘廟有火亦廢朝故云宗廟皆然特云大廟火是主於始祖而言耳。○注示奉至聞也。○正義曰示奉時事解各以其方色有所討解與其兵也故諸侯皆在京師者則從天子救日爲陰侵陽是君弱臣強之象方色者東方衣青南方衣赤西方衣白北方衣黑兵未聞者隱義云東方用戟南方用矛西方用弩北方用楯中央用鼓所以有所討者以日食陰侵陽示欲助天子討陰也亦備非常以彼非正經故不取也穀梁云天子救日置五麾陳五兵五鼓諸侯置三麾陳三鼓三兵大夫擊門士擊柝言充其陽也范甯云凡聲陽也擊鼓爲聲所以助陽壓陰也春秋傳曰日有食之天子伐鼓於社責上公也諸侯伐鼓於朝退自責也夏書曰辰不集于房瞽奏鼓嗇夫馳庶人走孔傳曰辰日月所會集合也房日月所舍而不合其所舍食可知也馳走者救日之備也奏猶擊也周禮有救日之弓但不知兵之細別故云未聞。○大廟火則從天子救火不以方色與兵。○以日食是陰之災故象五方之色以兵討陰救火無此義故不用五方色及兵也。○注夫人君之夫人。○正義曰此經曰后夫人之喪恐是天子之三夫人故云天子之夫人此大廟火者亦謂君之大廟非天子大廟也知非者既云揖讓入門無容天子大廟之火赴告即至故知非王之大廟假令在後當朝方聞火時過已久又不可廢朝故知非王之大廟也。○注既陳至言之。○正義曰知既陳謂夙興陳饌牲器時也者以下文云當祭而日食則此簠簋既陳不當祭也既不當祭時明是祭前陳饌牲器也前文云天子崩后之喪與日食大廟火其禮皆同則此簠簋既陳日食大廟火亦同也故下云如牲至未殺則廢是也牲至已殺則行接祭其天子崩后之喪牲入雖殺不可行接祭以其喪事重故也云天子七祀言五者關中言之者鄭此注以周禮言之祭法周天子七祀諸侯五祀大夫三祀此居其中言是諸侯之法舉五而言則上兼七下通三欲見天子及大夫其祭皆然故云關中言之關通也謂通取中央而言之經云嘗禘者謂宗廟之祭也郊社謂天地之祭舉天地宗廟則五祀以上之祭皆在其中孔子曰接祭而已矣者。○謂牲至之後則接祭之也接捷也捷速也速而祭之。○注接祭而已不迎尸也。○正義曰經云如牲至未殺則廢此云接祭則〇率帶諸侯大夫皆五采士二采此謂襲尸之大帶率繂也繂之不加箴功大夫以上更飾以五采士以朱綠襲事成於帶變之所以異於生〇率帶上音律下音帶本亦作帶繂音律箴之金反

疏率帶至二采〇正義曰此謂尸襲竟而著此帶也率謂爲帶也但擸帛邊而熨殺之不加箴功異於生也以五采飾之亦異於生也大夫與諸侯同而士二采並異於生而尊者可同也然此士天子之士也諸侯之士則緇帶故士喪禮緇帶〇注此謂至於生〇正義曰知襲尸之大帶者以吉時大帶唯有朱綠玄華無五采此連上袘畢用桑之下則知此亦喪之大帶小斂大斂衣數既多有絞不可加帶故知襲尸之大帶也以其稱率與大帶同故知是大帶也云襲事成於帶變之所以異於生者鄭以襲衣與生同唯帶與生異凡襲事者衣畢加帶乃成故云襲事成於帶變之異於生也

宋故

明器　人器

器

西南上綪器目言之也陳明器以西行南端爲上綪屈也不容則屈而反之疏器西南上綪○注器目至反之○釋曰云器目言之也者器與下爲目即下文苞以下是也茵茵在抗木上陳器次而北也疏茵○注茵在至北也○釋曰茵非明器而言之者陳器從此茵鄉北爲次第故言之故鄭云茵在抗木上陳器次而北是也苞二所以裹奠羊豕之肉疏苞二○注所以至之肉○釋曰下文旣設遣奠而云苞牲取下體故知苞二所以裹奠羊豕之肉也筲三黍稷麥筲畚種類也其容蓋與簋同一㪉也疏筲三黍稷麥○注筲畚至㪉也○釋曰案下記云菅筲三則筲以菅草爲之筲三各盛一種黍稷麥也云筲畚種類也者舊說云畚器所以盛種此筲與畚盛種同類故舉以爲況也云其容蓋與簋同一㪉也者案考工記旊人爲簋實一㪉又云豆實三而成㪉案昭三年晏子云四升曰豆豆實三而成㪉則㪉受斗二升此筲與簋同盛黍稷知受一㪉斗二升約同之無正文故云蓋以疑之也甕三醯醢屑冪用疏布甕瓦器其容亦蓋一㪉屑薑桂之屑也內則曰屑桂與薑冪覆也今文冪皆作密疏甕三至疏布○注甕瓦至作密○釋曰云甕瓦器者以甕與甒等字從缶瓦故知是瓦器云其容亦蓋一㪉者聘禮記致饔餼云甕斗二升則此甕約同之故云蓋以疑之也知屑是薑桂者以其與內則屑桂與薑同云屑故引內則爲證也甒二醴酒冪用功布甒亦瓦器也古文甒皆作廡疏甒二至功布○注甒亦至作廡○釋曰謂二者所盛須繼甕三而陳之言亦瓦器亦上甕三也皆木桁久之桁所以庪苞屑甕甒也久當爲炙炙謂以蓋案塞其口每器異桁疏皆木桁久之○注桁所至異桁○釋曰云皆木桁久之者則自苞屑以下皆塞之置於木桁也若然旣皆久塞而甕甒獨云冪者以其苞筲之等燥物宜苞塞之而無冪甕甒濕物非直久塞其口又加冪覆之云久當爲炙炙謂以蓋案塞其口者此亦如士設重鬲亦與之同故讀從炙也云每器異桁者以其言皆木桁故知每器別桁也用器弓矢耒耜兩敦兩杅槃匜匜實于槃中南流此皆常用之器也杅盛湯漿槃匜盥器也流匜口也今文杅爲桙疏用器至南流○注此皆至爲桙○釋曰謂常用之器弓矢兵器耒耜農器敦杅食器槃匜洗浴之器皆象生時而藏之也無祭器士禮畧也大夫以上兼用鬼器人器也疏無祭器○注士禮至器也○釋曰知大夫以上兼用鬼器人器也者案檀弓云宋襄公葬其夫人醯醢百甕曾子曰旣曰明器矣而又實之注云言名之爲明器而與祭器皆實之是亂鬼器與人器以此而言則明器鬼器也祭器人器也士禮畧無祭器空有明器而實之大夫以上尊者備故兩有若兩有則實祭器不實明器宋襄公旣兩有而并實之故曾子非之有燕樂器可也與賓客燕飲用樂之器也

疏有燕樂器可也○注與賓至器也○釋曰言可者許其得用故云可也云與賓客燕飲用樂之器也者則升歌有琴瑟庭中有特縣縣磬也役器甲冑干笮此皆師役之器甲鎧冑兜鍪干楯笮矢箙

疏役器甲冑干笮○注此皆至矢箙○釋曰此役器中有干笮無弓矢示不用故不具上用器是常用之器故具陳之也云甲鎧冑兜鍪者古者用皮故名甲冑後代用金故名鎧兜鍪隨世爲名故也但上下役用之器皆麤沽爲之故下記云弓矢之新沽功注云設之宜新沽示不用弓矢云沽餘雖不言皆沽可知也但此笮是送死之具下記云薦乘車鹿淺幦干笮革靾者是魂車所載象生者與此別也燕器杖笠翣燕居安體之器也笠竹箬蓋也翣扇

疏燕器杖笠翣○注燕居至翣扇○釋曰云燕居安體之器也者以杖者所以扶身笠者所以禦暑翣者所以招涼而在燕居用之故云燕居安體之器也云笠竹箬蓋也者箬竹青之皮以竹青皮爲之徹奠巾

明器

宗教

死前器靡安

弓矢之新沽功設之

宜新沽示不用今文沽作古 疏 弓矢之新沽功○注設之至作古○釋曰自此盡篇末論死者用器弓矢麤惡之事以其正經直云用器弓矢不辨弓矢善惡及弓矢之名故記人明之設之宜新者爲死者宜用新物云沽示不用者

沽謂麤爲之 **有弭飾焉** 弓無緣者謂之弭弭以骨角爲飾 疏 有弭飾焉○注弓無至爲飾○釋曰案爾雅云弓有緣謂之弓無緣謂之弭孫氏云緣繫約而漆之無緣不以繫約骨飾兩頭是此弭也詩云象弭

魚服是用象骨弓限既用角明兩頭亦得用故鄭總云骨角爲飾 **亦張可也** 亦使可張 疏 亦張可也○注亦使可張○釋曰生時之弓有張弛此死者之弓雖不射而沽略亦使可張故曰亦也 **有柲**

柲弓檠弛則縛之於弓裏備損傷以竹爲之詩云竹柲緄縢古文柲作柴 疏 有柲○注柲弓至作柴○釋曰柲弓檠者案冬官弓人造弓之時弓成納之檠中以定往來體此弓檠謂凡平弛弓之時以竹狀如弓縛之於弓裏亦名之爲

柲者以若馬柲然馬柲所以制馬弓柲所以制弓使不頓傷故謂之柲引詩云竹柲緄縢者緄繩也縢約也謂以竹爲柲以繩約之此經之柲雖麤畧用亦如此故引之爲證 **設依撻焉** 依纏絃也撻弣側矢道也皆以韋爲

之今文撻爲銛 疏 設依撻焉○注依纏至爲銛○釋曰言依者謂以韋依纏其弦即今時弓䩨是也云撻弣側矢道者所以撻矢令出謂生時以骨爲之弣側今死者用韋云皆以韋爲之者謂依與撻皆以韋爲之異於生者也 **有**

韣 韣弓衣也以緇布爲之 疏 有韣○注韣弓至爲之○釋曰知韣弓衣者案月令云帶以弓韣故知韣弓衣也鄭知用緇布爲之者此無正文鄭驗當時弓衣用緇布而言也 **猴矢一乘骨鏃**

短衛 猴猶候也候物而射之矢也四矢曰乘骨鏃短衛亦示不用也生時猴矢金鏃凡爲矢五分笴長而羽其一 疏 猴矢至短衛○注猴猶至其一○釋曰言候物而射之者案司弓矢鄭注云可以司候射敵之近者及禽

獸鄭君兩注語異義同云骨鏃短衛亦示不用也者案上文沽功鄭云示不用故此亦之云生時猴矢金鏃者此亦爾雅釋器文案彼云金鏃翦羽謂之猴是也此言短羽即翦羽也云凡爲矢五分笴長而羽其一者案周禮矢人上陳五矢下

乃云五分其長而羽其一故云凡以廣之也案鄭彼注云矢笴長三尺五分羽一則六寸也謂之羽者指體而言謂之衛者以其無羽則不平正羽所以防衛其矢不使不調故名羽爲衛 **志矢一乘軒輖中**

亦短衛 志猶擬也習射之矢書云若射之有志輖摯也無鏃短衛亦示不用生時志矢骨鏃凡爲矢前重後輕也 疏 志矢至短衛○注志猶至輕也○釋曰云志猶擬也者凡射志意有所準擬故云志猶擬也云習射之矢

者案司弓矢鄭注云恒矢之屬軒輖中所謂志以此言之則此恒矢也在八矢之下知是習射矢者以其矢中特輕於習射宜也案六弓唐弓大弓亦授習射者則此矢配唐大也引尚書盤庚者證志爲準擬之事輖摯者鄭讀輖從摯以其車

傍周非是軒摯之摯故讀從執下至云無鏃短衞亦示不用者知此矢無鏃者上經猴矢言骨鏃此經不云鏃故知無鏃示不用也若然猴矢生時用金鏃死用骨鏃志矢生時用骨鏃死則令去之云生時志矢骨鏃者亦爾雅釋器文案彼云骨鏃不翦羽謂之志此志矢是也云凡爲矢前重後輕也者案司弓矢鄭注云凡枉矢之制枉矢之屬五分二在前三在後殺矢之屬參分一在前二在後猴矢之屬七分三在前四在後恒矢之屬軒輖中若然前重後輕者據殺矢猴矢枉矢絜矢增矢茀矢而言引之者證此志是恒矢庳矢無前重後輕之義但周禮有八矢唯用此二矢者以其八矢之內猴矢居前最重恒矢居後最輕既不盡用故取其首尾者也

既夕禮記　儀禮四十一

江西督糧道王賡言廣豐縣知縣阿應鱗栞

祭祀

閒係傳為籀夜誦詩或謂夜是史字之譌然臣民閒讀自作籀史者甚多漢禮樂志乃立樂府采詩夜誦師古曰夜誦者其言詞或秘不可宣露故於夜中謌誦也則非史之譌籀即籀史十三經詁答問三選也案後漢書[redacted]事載高碣等罔祭中常以夜盡殿佛也其後或因祭以行淫祠

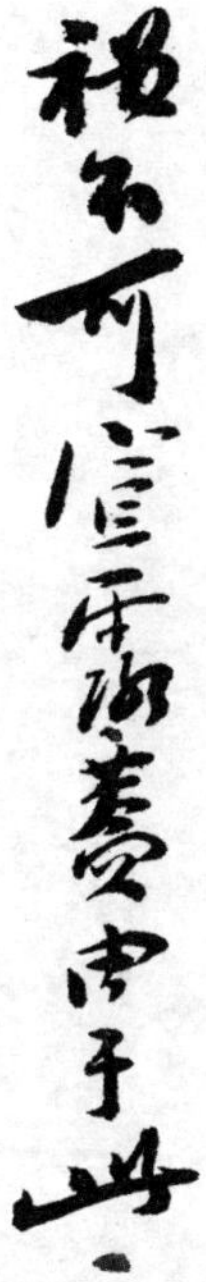

哲學

夜

古經以何之以夜後之此夜

以易臆中之義以啟子夜行

常用之此解

冊（釋）聲（文）例

大夫諸侯有載廟木主　大夫無主亦以幣帛主其神

｜此士之間食於堂下即其禮食

賜饔唯羹飪筮一尸若昭若穆　羹飪謂飪一牢也肉謂之羹唯是祭其先大禮之盛者也筮尸若昭若穆容父在父在則祭祖父卒則祭禰腥餼不祭則士介不祭也士之祊行不釋幣于禰不祭可也古文羹爲羔飪作腍　疏　賜饔至若穆。注羹飪至作腍。釋曰古者天子諸侯行載廟木主大夫雖無木主亦以幣帛主其神是以受主國饔餼故筮尸祭然後食之尊神以求福故也昭穆言若者以其昭穆不定故云若也云腥餼不祭則士介不祭也者上致饔餼之時云上介饔餼三牢則飪腥餼三者皆有故云士介四人皆餼大牢無飪可祭故知士介不祭也　僕爲祝祝曰孝孫某孝子某薦嘉禮于皇祖某甫皇考某子　僕爲祝者大夫之臣攝官也　疏　僕爲至某子。注僕爲至官也。釋曰經並云孝孫孝子皇祖皇考以其不定故兩言謂上經若昭若穆亦兩言之云僕爲祝者大夫之臣攝官也者若然諸侯不攝官使祝祝策矣案定四年祝佗云嘉好之事君行師從卿行旅從則臣無事若君到主國祭饔之時得不攝官乎諸侯不使人攝是以覲禮云侯氏裨冕釋幣于禰注云釋幣于禰之禮既則祝藏其幣歸乃埋之於祧西階之東大夫使僕攝祝則是本無祝官與諸侯異矣其諸侯禮大祝不行知不使小祝行者以其掌客云羣介行人宰史是諸侯從官不言祝明大小祝俱不行矣　如饋食之禮　如少牢饋食之禮不言少牢今以大牢也今文無之　疏　如饋食之禮。注如少牢至無之。釋曰云如少牢饋食之禮者案少牢禮有尊俎籩豆鼎數之陳設之儀陰厭陽厭之禮九飯三獻之法上大夫又有正祭於室儐尸於堂此等皆宜有之至於致爵加爵及獻兄弟弟子等固當略之矣　假器於大夫　不敢以君之器爲祭器　疏　假器於大夫。注不敢至祭器。釋曰案曲禮云大夫士去國祭器不踰竟大夫寓祭器於大夫士寓祭器於士注云與得用者言寄覬己後還若然卑者不得用尊者之器是以此大夫聘使不得將己之祭器而行致饔餼雖是祭器人臣不敢以君之器爲祭器是以聘使是大夫還於主國大夫假祭器而行之

然則此篇所言其事即其後也

聘禮何以作

宋教

（禮）（四）張（十四）至（十七）紙（十八）上一四卷

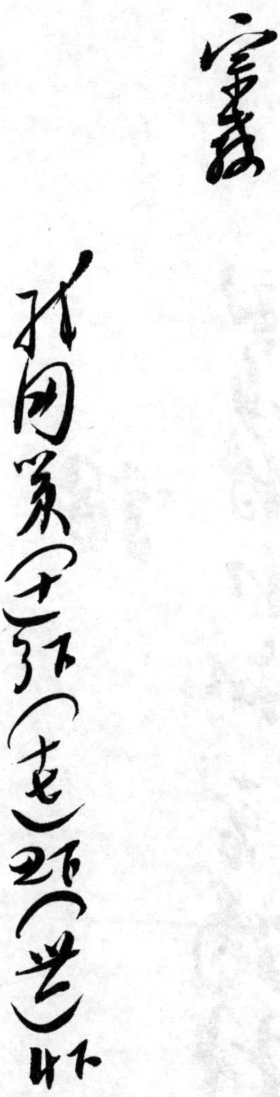
宗義

寧殺

相

到處得知 晉楊林檉 三六下

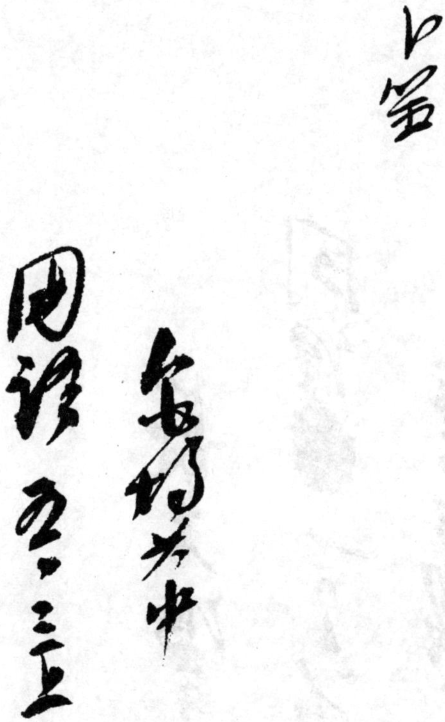

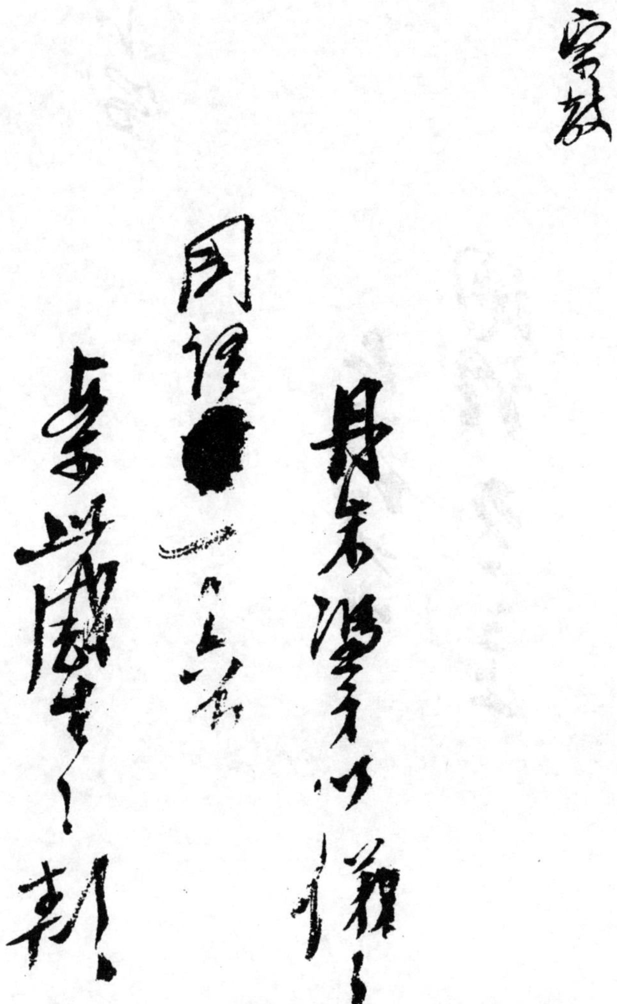

宗教

四象之圖

日以定道蹟行十二宮圖　宮之圖

所以藏四象圖之　於　遊讀

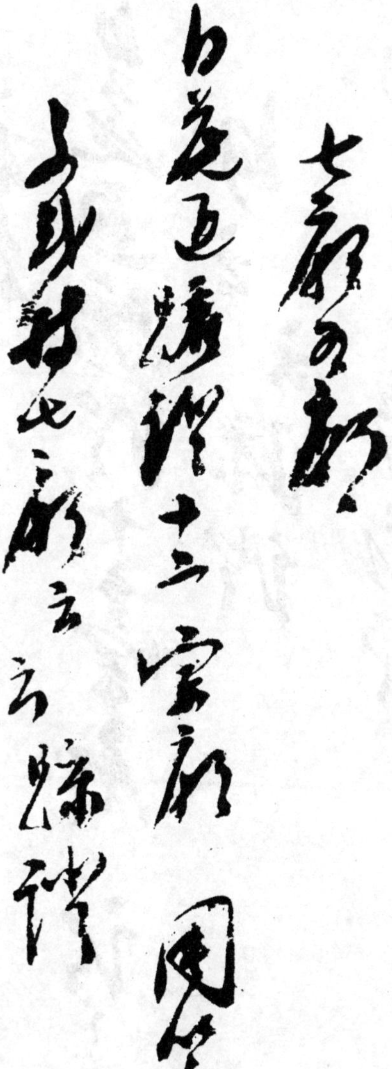

移於
見廿二史劄記十五卷 論之詳矣
同卷
卷續劄記
十三年一條 見續劄記

蘇子卿上

以急遞擬撰十二郊祀歌三三八月

弟黄一回乃得去矣　去病卿

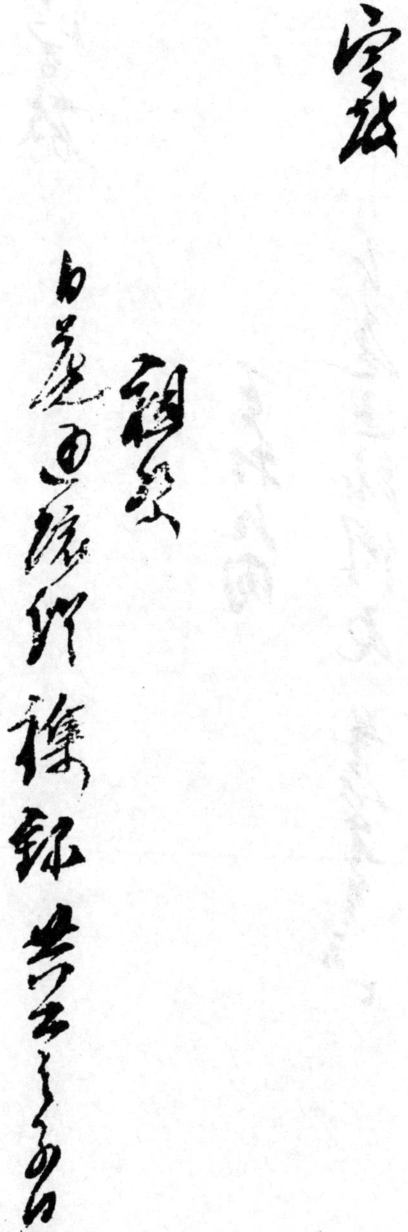

富啟

子和兄回

白屋上張詞兄 是所奉云云

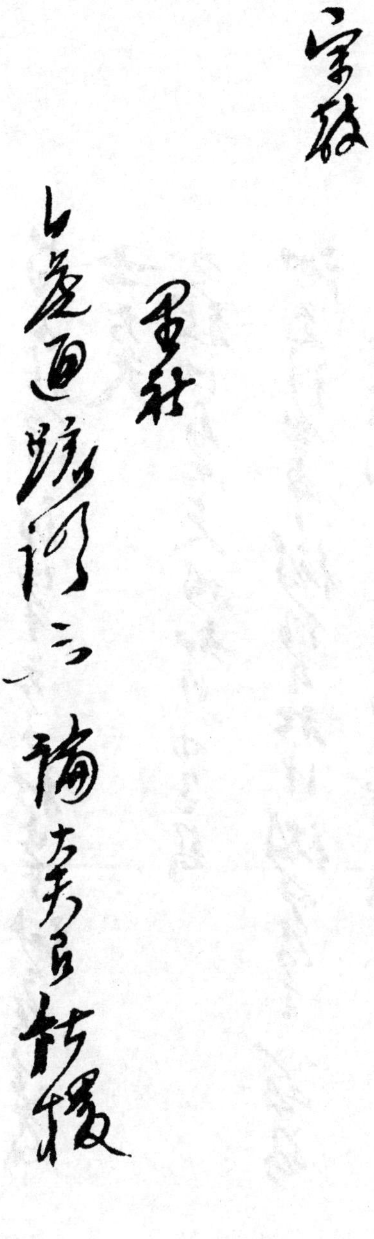
上海道勝銀行

五祀

以養道于月令　卅　鄭本作共祀行（一叢三頁）

蓋以形說　鄭以爲天子就其謂義注

士大夫

五祀以爲大夫禮知行　如是解

謝注引鄭本　徹作五祀注　徹其謂之　一無解

五祀謂門戶　奥竈中霤　非道解

高注呂覽五祀　行門內地之守　其門行祀之

行戶作井　此注之說其祀之

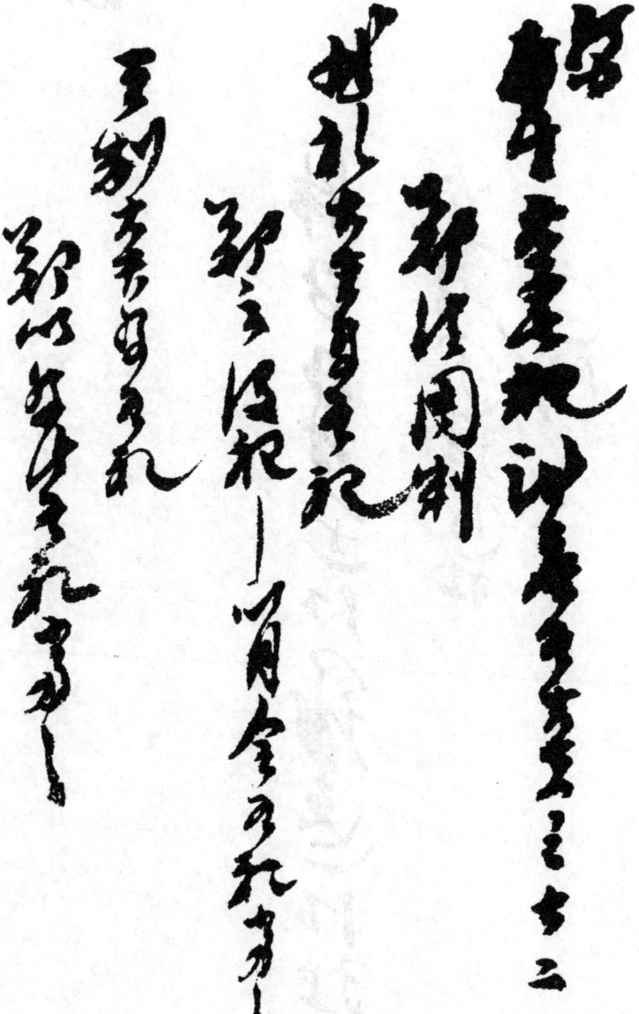

室屋

韓詩外傳（五）8下（續補遺）1下 3上 4上 5上

大戴（五）8上（下）9上／（二）10下

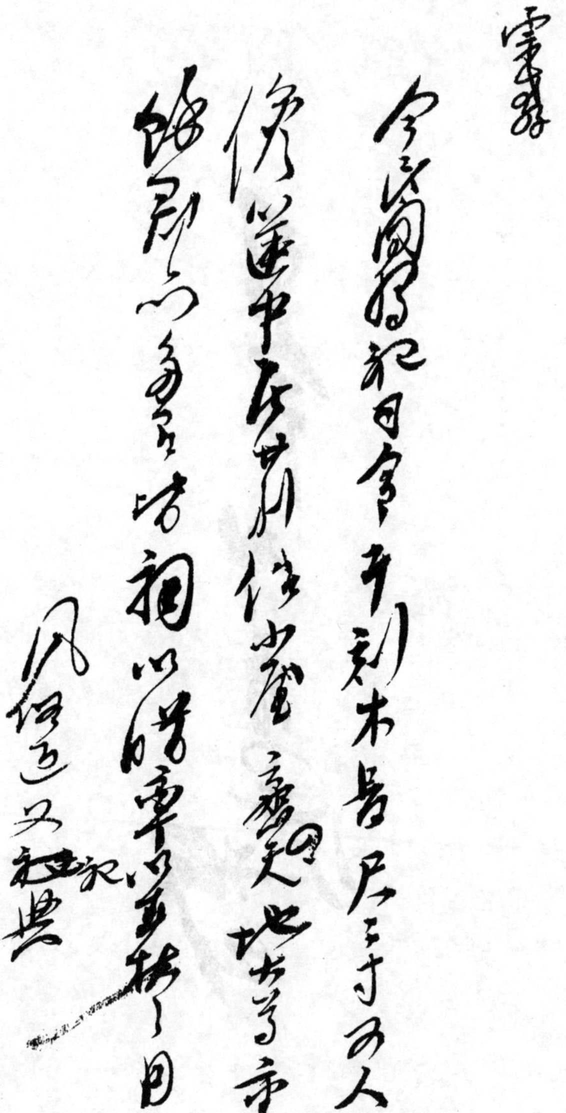

周代楚書　四冊　21

宗教

探覓不足　改造不克、求主觀解脫〈文學 宗教〉

宗教

天柱內外祠 杜甫(三)

正卷二

杜甫卷七

又(四)1042頁

宗教

董無心無鬼論

風俗通九、二

宗教

城隍

楚辭　十三·二年

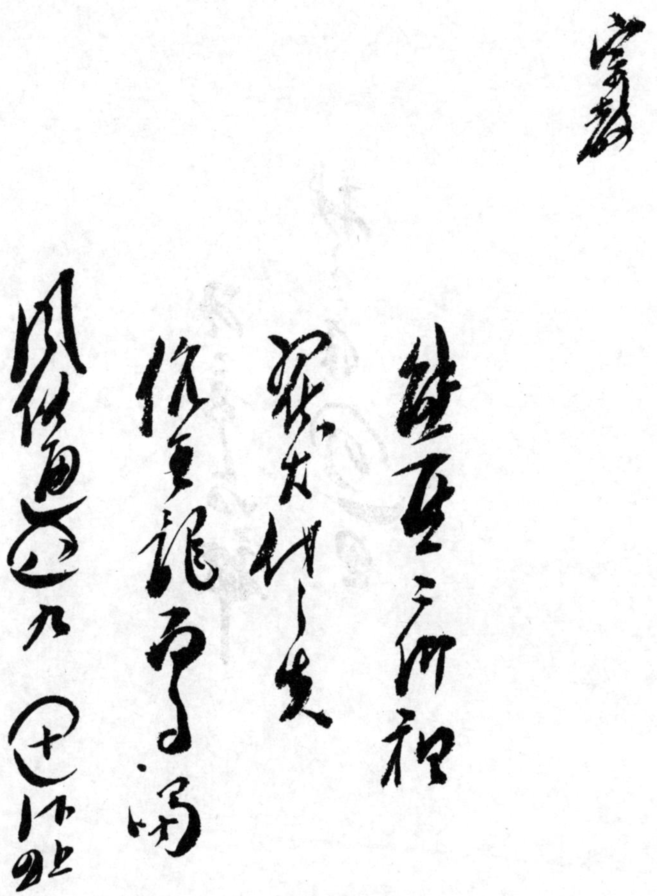

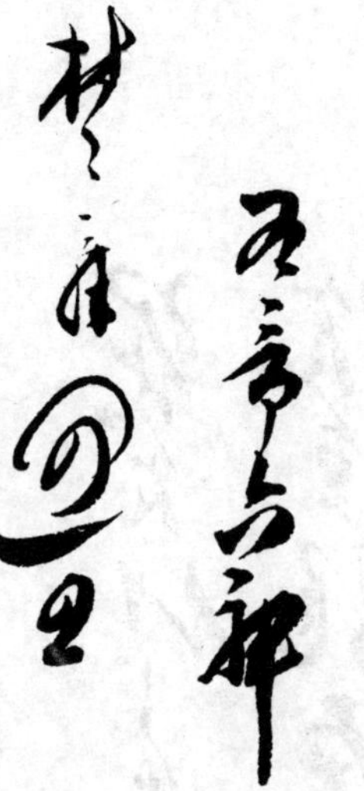

林耕宇5 神仙(二)97-35

王奇(三)17-18

(五)2-完(四)16-17(九)1-7(十)22-23(十一)1-3

(六)17(廿)7-8

宗教

黄蘗宗

福州黄蘗山隱元以日人之招順治十一年（西一六五四）入日而開此宗　傳淨土禪兼念佛　于精神生活影響不大　然于建築書畫日常生活仍有影響

一寧 元大德三年一山僧寧自謂補陀僧也
时为郡台宗照明使鎌倉咸一佛寺中心
时頼之信禅宗初傳[illegible]嚴没真身函心焉 武士之
学禅皆受其影響 元之治日時宗鎮定の年 弘安
元攻博多时宗受禅学之賜也 时元日攻戰殊急
如石介意
然仍迎無学祖元 一寧迎住鎌倉後宇多天皇
招致使住南禅寺賜號國師建隆上皇親製賛
賛曰宋地萬人傑本朝國師之首 緇律士庶隨

喜知市時日人為學中國[illegible]絕再盛全由一寧

時各都台宗攻禪以鎌倉為重一寧入南禪寺風

氣稍變　一寧學極博且知宋學

禅宗代及日本武士

精神生活　因情觀引伸

日本情觀与武家神代書寫像　为一切神佛

五山文学

时入日材多禅论多语录普通中国语　且其皇相

及纯中国思想　五山文学与平安朝贵族及僧

川之世傳し中国文学並精通五山最纯

夏啟

楚辭天問，今本作棘賓商。

啟棘賓天，九辯九歌。

古史

山海經大荒西經云：

西南海之外，赤水之南，流沙之西，

有人珥兩青蛇，乘兩龍，名曰夏后開。開

上三嬪于天，得九辯與九歌以下。此天穆之野，

高二千仞，開焉得始歌九招。以上舊說開

下注云：嬪，上三嬪于天，因得九歌以下也。離騷亦有此說，

亦與此合。蓋其事之所本矣。

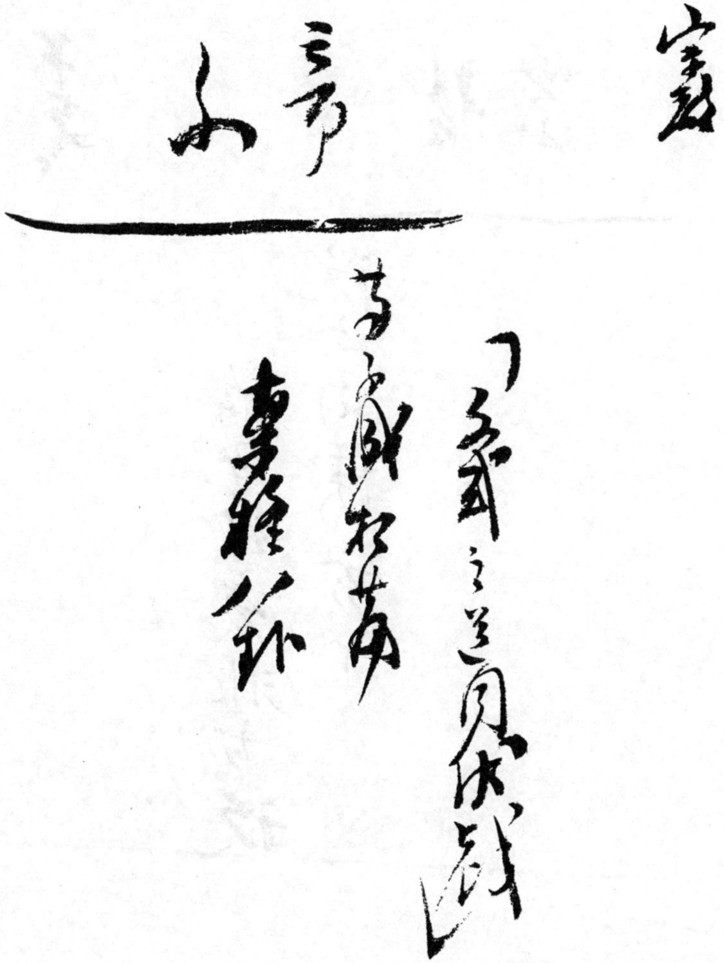

干支

指學

始子終亥非古說

說文句讀亥下

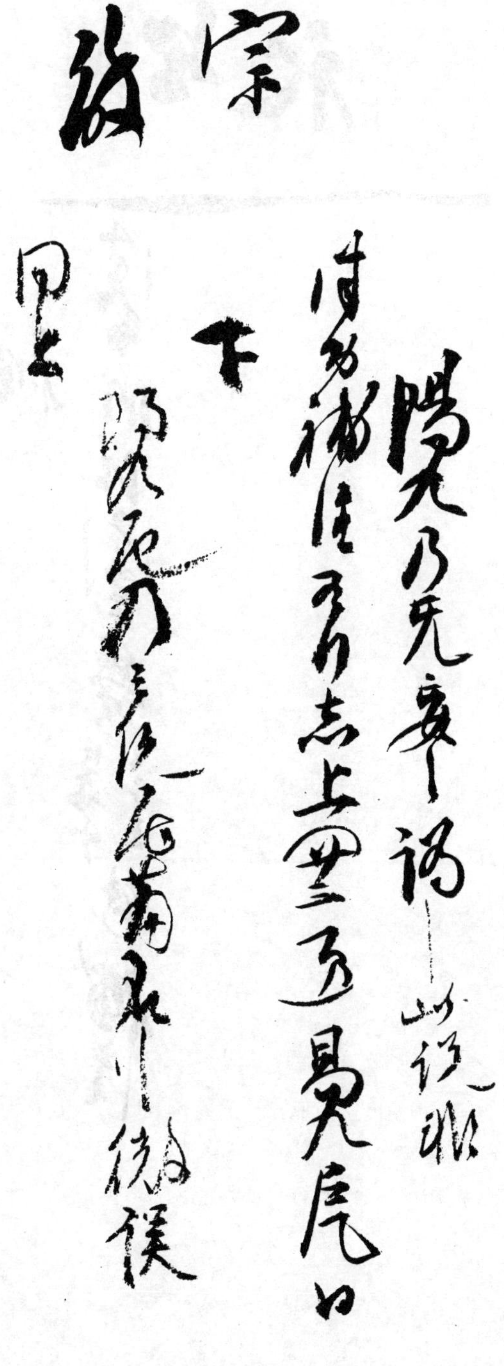

祭祀

祖

漢書郊祀志集 [illegible] 三王傳補注

宗敬

收來並觀禮——宗要仁傑説
當補注付印也。今並請紹虞成同志
下知兩三紙也

宗教

黨正讀法

除親民於教－讀法－宗教

禜亦為壇位如社稷

讀法

祭祀

及四時之孟月吉日則屬民而

讀邦灋以糾戒之以四孟之月朔日讀法者彌親民者於教亦彌數○數音所角反疏及四至戒之○釋曰及至也黨正四時孟月吉日則屬民而讀邦法者因糾戒之如州長之為也○注以四至彌數○釋曰云以四孟之月朔日讀法者彌親民者於教亦彌數者上文州長雖有建子建寅及春秋祭社四度讀法此黨正四孟及下文春秋祭禜并正歲一年十度讀法者以其鄉大夫管五州州去民遠不讀法州長管五黨去民漸親故四讀法黨正去民彌親故七讀法鄭云彌親民者則非直徒解黨正而已案下族師十四教讀法彌多於此故鄭揔釋云彌親民者於教亦彌數也

春秋祭禜亦如之禜謂雩禜水旱之神蓋亦為壇位如祭社稷云○禜榮敬反疏春秋至如之○釋曰黨正不得與州同祭社故亦春秋祭禜神也○注禜謂至稷云○釋曰鄭知祭謂雩禜水旱之神者案禮記祭法云雩禜祭水旱案昭公元年左氏傳子產云水旱癘疫之不時於是乎禜之皆是禜祭水旱神也云蓋亦為壇位如祭社稷云者以其大司徒及封人等皆云社稷有壇又祭法王宮祭日及雩禜祭水旱等皆是壇名故知亦如社稷有壇位無正文故言云以疑之也

正歲屬民讀灋而書其德行道

藝書記之疏注書記之○釋曰黨正於正歲建寅朔日聚眾庶讀法因即書其德行道藝鄭解書書記之者以其三年乃一貢今每年正歲皆書記勸勉之三年即貢之也

邢疏

（祭祀）

族師與讀法

酺爲人物災害之神

奉之爲壇位如雩禜

月吉則屬民而讀邦灋書其孝弟睦婣

有學者月吉每月朔日也故書上句或無事字杜子春云當爲正月吉書亦或爲戒令政事月吉則屬民而讀邦法疏月吉至學者。釋曰此族師亦聚衆庶而讀法因書其孝弟睦婣有學者黨正直書德行道藝具言此云孝弟睦婣惟據六行之四事有學即六藝也計族師所書亦應不異黨正但文有詳略故所言有異但族師親民故析別而言耳。注月吉至邦法。釋曰云月吉每月朔日也者以其彌親民教亦彌數故十二月朔皆讀之云故書上句或無事字者則月與上政字連政又爲正字故杜子春云當爲正月吉旦族師親民讀法宜數若爲正月之吉則與黨正同於義不可云書亦或爲戒令政事月吉則屬民而讀邦法者此義還與經同於義爲得後鄭從之故引之在下也春秋祭酺亦如之酺者爲人物災害之神也故書酺或爲步杜子春云當爲酺玄謂校人職又有冬祭馬步則未知此世所云蝝螟之酺與人鬼之步與蓋亦爲壇位如雩禜云族長無飲酒之禮因祭酺而與其民以長幼相獻酬焉。酺音步或音蒲校戶教反蝝悅全反螟覓經反酺與音餘下步與同禜榮敬反本亦作禜下黨禜同疏春秋祭酺亦如之。釋曰族師於春秋祭祀酺神之時亦如上月朔讀法也。注酺者至酬焉。釋曰鄭知酺者爲人物裁害之神者凡國之祈祭者皆恐與人物爲裁害謂若州長黨正所祭社禜亦爲水旱與物爲裁害明此亦是恐與人物爲裁害之神也云故書酺或爲步杜子春云當爲酺者校人職云馬步亦爲行步之字而子春破之從酺者子春亦無正文直以此經今文爲正故依之也玄謂校人職又有冬祭馬步者彼是與馬爲害故祭之引之者證此酺亦與人物爲害云則未知此世所爲蝝螟之酺與人鬼之步與者但此經云酺不知何神故舉漢法以況之但漢時有蝝螟之酺神又有人鬼之步神未審此經酺定當何酺故兩言之以無正文故皆云與以疑之也云蓋亦爲壇位如雩禜云者上黨正雩禜鄭云蓋亦爲壇位如祭社稷云已疑禜爲壇位今此文約與雩禜同故言云以疑之云族長無飲酒之禮者案上州長春秋習射有飲酒禮黨正十月農功畢亦有飲酒禮皆得官物爲之今此族卑不得官物爲禮故云族無飲酒禮也云因祭酺而與其民以長幼相獻酬焉者鄭必知因祭酺有民飲酒之禮者案禮記禮器云周旅酬六尸曾子曰周禮其猶醵與鄭注彼云合錢飲酒爲醵旅酬相酌似之也即引明堂禮乃命國醵鄭據禮器明堂禮皆有醵法醵即合錢飲酒以不得官酒故須合錢耳

宗教

大師　太師執同律以聽軍聲而詔吉凶

師執同律以聽軍聲而詔吉凶大師大起軍師兵書曰王者行師出軍之日授將弓矢士卒振旅將張弓大呼大師吹律合音商則戰勝軍士強角則軍擾多變失士心宮則軍和士卒同心徵則將急數怒軍士勞羽則兵弱少威明鄭司農云以師曠曰吾驟歌北風又歌南風南風不競多死聲楚必無功○將子匠反卒子忽反下同乎火故反數所角反○疏注大師至無功○釋曰兵書者武王出兵之書云合音商則戰勝軍士強者商屬西方金金主剛斷故兵士強也角則軍擾多變失士心者東方木木主曲直故軍士擾多變失士心宮則軍和士卒同心者中央土土主生長又載四行故軍士和而同心徵則將急數怒軍士勞者南方火火主燥怒故將急數怒羽則兵弱少威明者北方水水主柔弱又主幽闇故兵弱少威明也先鄭引師曠曰者按襄公十八年楚子使子庚帥師侵鄭左傳曰甚雨及之楚師多凍役徒幾盡晉人聞有楚師師曠曰不害吾驟歌北風又歌南風南風不競多死聲楚必無功注云北風夾鍾無射以北南風姑洗南呂以南南律氣不至故死聲多吹律而言歌與風者出聲曰歌以律是候氣之管氣則風也故言歌風引之者證吹律知吉凶之事也

大

周官大師

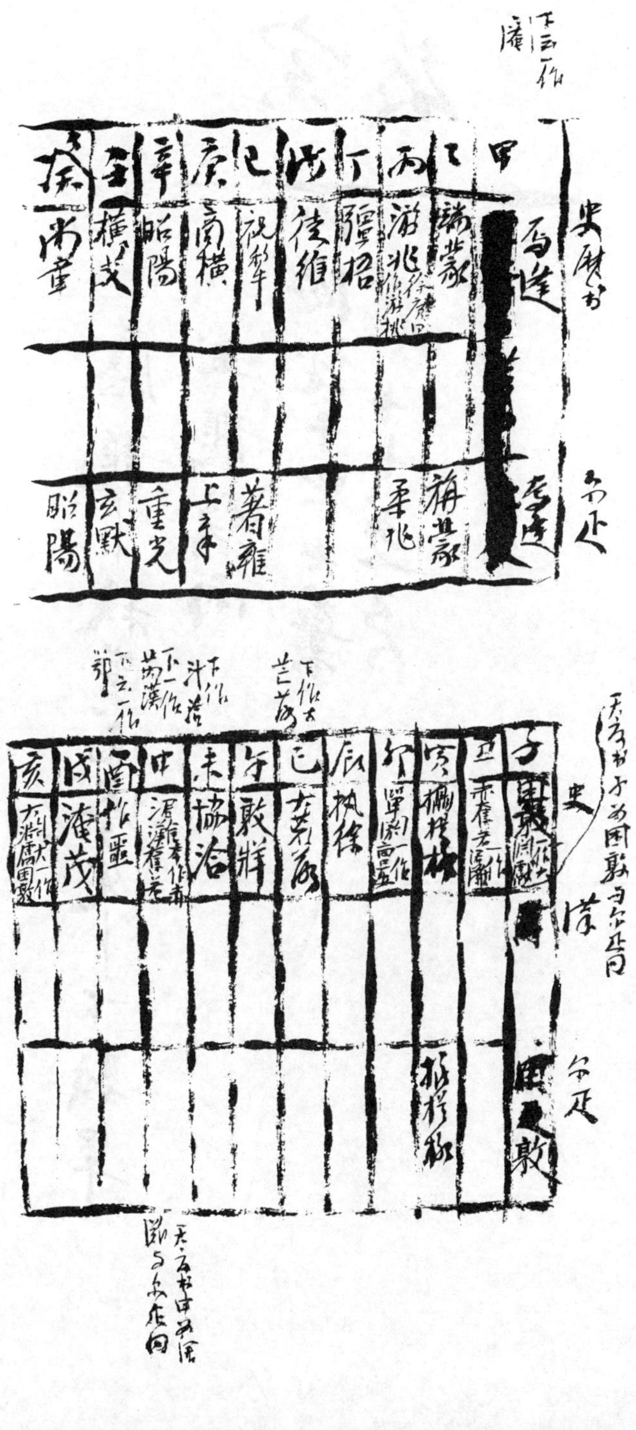

宗敎

應龍—殺蚩尤夸父—下數旱

土龍致雨

山海經十四、七葉

十七、五頁

敬呈

女魃 叔均一田祖

海經十七 六頁

宗族

（新知本傳咎格遂）生十日十二月 賜谷樓葉
儀和陽日云處一曹洸
海經手一万八 又六葉 又十五二葉 又五葉
又十六六万 十七二八万 又五葉十八二万八
湯滴浴出一沒
又二百陵谷山 又七葉明星山 五葉大荒之
中外 六葉將天蘇門 七葉壑明俊疾
又女和月母 又十六二葉方山 又二葉櫻
沮天門 又の万龍山 のの万月山 又六葉
麐鏊鉅山 又七葉常陽之山 又九万大荒之
又十七の万大荒中

敘宗

上世以來事例

何南卒位抓八頁

三鄉祠二頁

共頁八

再笑

法明呈

山爵 札

[illegible][illegible]

人面生艸

人[illegible][illegible]云[illegible][illegible] [illegible][illegible]渠

蒐茀蒐茀蓋[illegible][illegible]人面生 [illegible][illegible][illegible][illegible]

[illegible][illegible][illegible][illegible][illegible][illegible]上云人面生[illegible][illegible][illegible]人[illegible]

[illegible][illegible][illegible][illegible]云[illegible][illegible][illegible][illegible][illegible][illegible][illegible]

只[illegible][illegible][illegible][illegible]一說[illegible]

[illegible][illegible][illegible] 一句讀

蒲茀[illegible]也从艸弗聲

宗教

續求那國東南那襄得[illegible]注一襄得
昔者僧得於而[illegible]大食屬方六兴光得云云
南州兜率女游度此山之下曲隱是也

哲學

民不是靈魂而是精神不是氣而以後

可也

出死日本刊付可為要者言

宗教

救日天子五麾陳　故諸侯三　大夫擊門　士擊柝

○六月辛未朔日有食之言日言朔食正朔也鼓用牲于社鼓禮也用牲非禮也天子救日置五麾陳五兵五鼓麾旌幡也五兵矛戟鉞楯弓矢○麾毀爲反幡芳元反矛亡侯反鉞音越楯時準反又音允○諸侯置三麾陳三鼓三兵大夫擊門士擊柝言充其陽也凡有聲皆陽事以壓陰氣柝兩木相擊充實也○柝吐洛反壓於甲反又於涉反○疏傳鼓用至陽也○釋曰案范三十年注云救日用牲既失之矣非正陽之月而又伐鼓亦非禮今伐鼓於建巳之月故曰禮也用牲非常故云非禮也五麾者糜信云各以方色之旌置之五處也五兵者徐邈云矛在東戟在南鉞在西楯在北弓矢在中央糜信與范數五兵與之同是相傳說也五鼓者糜信徐邈並云東方青鼓南方赤鼓西方白鼓北方黑鼓中央黃鼓案五兵兵有五種未審五鼓是一鼓有五色爲當五種之鼓也何者周禮有六鼓雷鼓靈鼓路鼓鼖鼓鼛鼓晉鼓之等若以爲五種之鼓則不知六鼓之內竟去何鼓若以爲一種之鼓則不知六鼓之內竟取何鼓又周禮云雷鼓鼓神祀則似救日之鼓用雷鼓但此用之於社周禮又云靈鼓鼓社稷祭則又似救日食之鼓用靈鼓進退有疑不敢是正故直述之而已檢糜徐兩家之說則以五鼓者非六鼓之類別用方色鼓而已諸侯三者則云降殺以兩去黑黃二色是非六鼓之類也下云大夫擊門士擊柝則此陳五鼓亦擊之也但擊之時陳列於社之坐域因五兵五麾是陳故亦以陳言之非謂直陳而不擊也○伯姬歸于杞其不言逆何也逆之道微疏傳逆之道微○釋曰重發傳者紀伯姬釋不稱使之微此解不言逆之微故別發傳無足道焉爾○秋大水鼓用牲于社于門門國門也高下有水災曰大水既戒鼓而駭衆用牲可以已矣救日以鼓兵救水以鼓衆疏傳高下云云○釋曰重發之者此有用牲之失嫌異常水故更發之既戒鼓駭衆者謂既警戒擊鼓而駭動衆人則用牲可以已矣知不合用牲者用者不宜用故知不合也又云救日以鼓兵者謂伐鼓以責陰陳兵示禦侮救水以鼓衆者謂擊鼓聚衆也皆所以發陽也○○冬公子友如陳

十三經注疏　穀梁六　莊公二十四年　二十五年　八

宗　穀

日食一有食者不可知

三年春王二月己巳日有食之杜預曰日行遲一歲一周天月行疾一月一周天一歲凡十二交會然日月動物雖行度有大量不能不小有盈縮故有雖交會而不食者或有頻交而食者唯正陽之月君子忌之故有伐鼓用幣之事京房易傳曰日者陽之精人君之象驕溢專明爲陰所侵則有日有食之災不救必有篡臣之萌其救也君懷謙虛下賢受諫任德日食之災爲消也○日有食之本亦作蝕音同後皆倣此量音亮下遐嫁反爲消于僞反　疏　二月至食之○釋曰此經不書朔傳云食晦日也則此食必當晦日但不知是何月晦也徐邈云己巳爲二月晦則三月不得有庚戌也明宣十年四月丙辰十七年六月癸卯皆是前月之晦也則正月晦冠以二月者蓋交會之正必主於朔今雖未朔而食著之此月所以正其本亦猶成十七年十二月丁巳而繫之十一月也取前月之日而冠以後月故不得稱晦以其不得稱晦知非二月晦也未審范意如何穀梁之例書日食凡有四種之別故此二月己巳日有食之傳云言日不言朔食晦日也桓十七年冬十月朔日有食之傳云言朔不言日食既朔也彼是二日食矣又莊十八年三月日有食之傳云不言日不言朔夜食也又桓三年七月壬辰朔日有食之既傳云言日言朔食正朔也是有四種之別公羊以爲此二月己巳不言朔者是二日食也左氏以爲不言朔者史失之並非穀梁意耳○注杜預至消也○釋曰依歷家之説日一日一夜行天一度月一日一夜行天十三度十九分度之七天有三百六十五度四分度之一故日行一歲一周天計月逐及日之時不啻周天但舉其大率耳日月相及而爲交會謂之一月計一年之中有十二交會則應每月常食而有不食之時故解之但日月動物其行也或盈或縮故雖交會而有不食之時或亦有頻交而食也雖交會而不食者謂春秋二百四十二年唯三十七日食是也頻交而食者則襄二十一年九月十月食二十四年七月八月食是也京房漢人字君明頓丘人也本姓李推律自定爲京氏爲易作傳故曰京房易傳也

言日不言朔食晦日也其日有食之何也吐者外壤食者内壤凡所吐出者其壤在外其所吞咽者壤入於内○壤而丈反吞勑恩反又音天咽於見反闕然不見其壤有食之者也今日闕損而不知壤之所在此必有物食之○見如字又賢徧反有内辭也或外辭也邵曰食者内壤故曰内辭吐者外壤故曰外辭傳無外辭之文者蓋時無外壤也而曰或外辭者因事以明義例爾猶傳云二穀不升謂之饉四穀不升謂之康亦無其事○饉渠吝反有食之者内於日也内於日以壤不見於外○見賢徧反又如字其不言食之者何也知其不可知知也○不可知知也上知如字下知音智　疏　其日至知也○釋曰傳問經意其稱日有食之何也傳又申說之吐者外壤謂凡所吐出其壤在外也食者内壤謂凡吞食者壤入於内也闕然不見其壤有食之者也者謂日既闕損不知壤之所在必有物食之有内辭也或外辭也者謂日食有兩種之辭據書内壤故言有内辭不書外壤故曰或外辭也有食之者内於日也者謂日食既有二辭今直云有食之者爲日之所壤在於内也其不言食之者何也者謂經不書月食日也知其不可知知也者謂聖人慎疑不知之辭者知也壤字爲穀梁音者皆爲傷徐邈亦作傷糜信云齊魯之閒謂鑿地出土鼠作穴出土皆曰壤或當字壤蓋如糜信之言也○注二穀至其事○釋曰襄二十四年傳文也彼云一穀不升謂之嗛二穀不升謂之饑三穀不升謂之饉四穀不升謂之康五穀不升謂之大侵

穀隱三

宗教

受命而王封禪之符罕（集解徐廣曰一云荅應）用用則萬靈罔不禋祀追本諸神名山大川禮作封禪書第六

維禹浚川九州攸寧爰及宣防決瀆通溝作河渠書第七

史自序

封禪

萬國和而鬼神

山川封禪與爲多焉集解徐廣曰多一作朋索隱與音羊汝反與猶許也言萬國和同而鬼神山川封禪祭祀之事自古以來帝王之中推許黃帝以爲多多猶大也獲寶鼎迎日推策集解晉灼曰策

數也迎數之也瓚曰日月朔望未來而推之故曰迎日索隱封禪書曰黃帝得寶鼎神策下云於是推策迎日則神策者

神蓍也黃帝得蓍以推算歷數於是逆知節氣日辰之將來故曰推策迎日也正義策音策迎逆也黃帝受神策命大撓

造甲子容成造歷是也舉風后力牧常先大鴻以治民集解鄭玄曰風后黃帝三公也班固曰力牧黃帝相也大鴻見封禪書正義舉任用四人皆帝臣也帝王世紀云黃帝夢大風吹天下之塵垢皆去又夢

人執千鈞之弩驅羊萬羣帝寤而歎曰風爲號令執政者也垢去土后在也天下豈有姓風名后者哉夫千鈞之弩異力

者也驅羊數萬羣能牧民爲善者也天下豈有姓力名牧者也於是依二占而求之得風后於海隅登以爲相得力牧於

大澤進以爲將黃帝因著占夢經十一卷藝文志云風后兵法十三篇圖二卷孤虛二十卷力牧兵法十五篇鄭玄云風

后黃帝之三公也按黃帝仰天地置列侯衆官以風后配上台天老配中台五聖配下台謂之三公也封禪書云鬼臾區

神教

五帝本紀

敬字

女哭人

周官春[illegible]於今則[illegible]乃身女哭大泣合

佐之職務也

帝 太乙九宮

呂覽圜道黄帝曰帝無常處也

有處者乃無處也——勉按

二言蓋有處則無處矣

宗教

夫傳曰當天反時為災地反物為妖民反德為亂

亂則妖災生據聞曰以佛地為物指千妖千孽

藥石則佛則妖孽禍病害祥六者以積

則為美哉

哲學

王者起世時質文口

其華移土鄙自異術

教字

古桃木匣櫝二千里し華岳友內

廣告行詠天文

修道

一、福也者，當謂福之福之光者也，福而不害之謂，利不足

好其福者，光其福夕於其身後，福在也

哲学

一、吾以制其　以保之以正身以保天下之言

一、凡生非為家人之仁，山長非為己任而成非一家之功，而於家臣之所積

其福無不及，而家邪之所積，其禍無不來速也

文明理

附述

「善言古者必有節于今，善言天者必有徵於人」

荀子性惡篇。勉案：此則託古改制之説不可信矣。

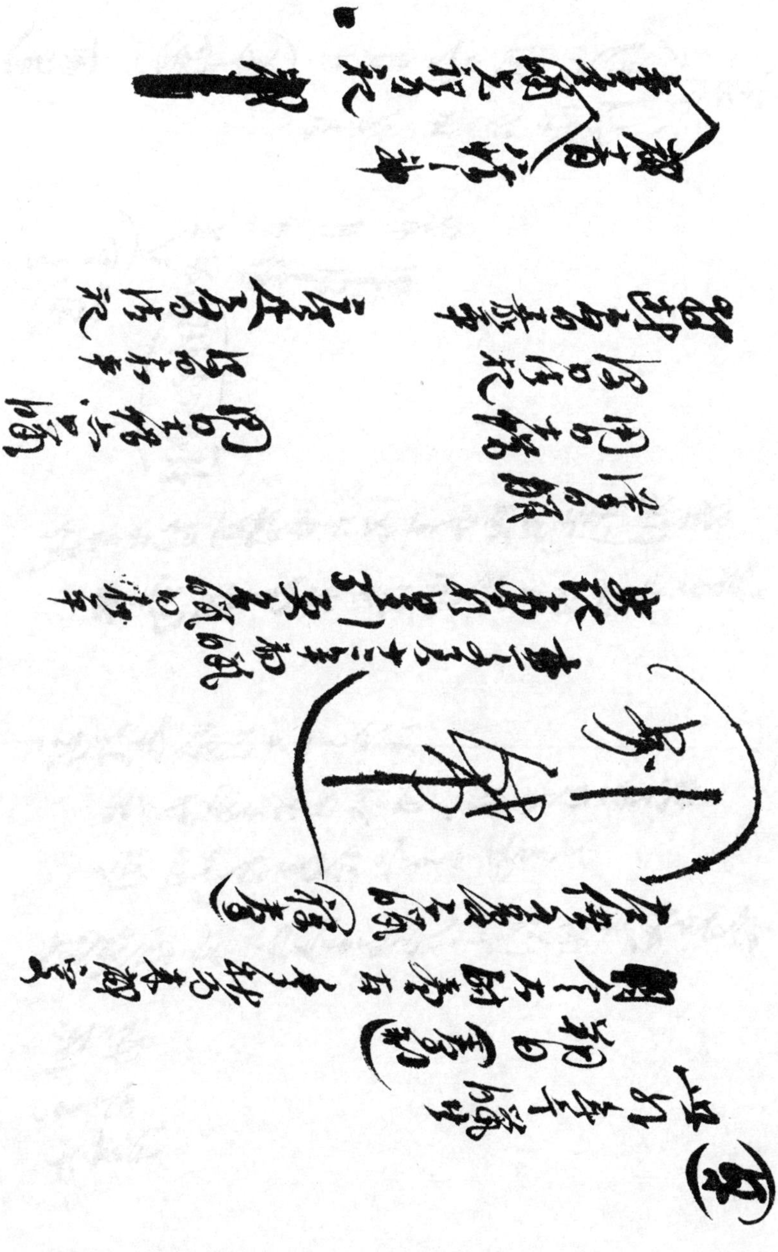

太玄行

書序

劉歆

許衡系言　六宇居今之間只天地萬化

同此陰陽變化　實一氣

蓋從天下未有天地之前亦不外此以爲主宰

郭氏去路得大小之傳

而動淵居不長此秋不得如其不齊

伏生大傳乃於其不在此地不載淵春

（夏書）

八　天地（阿門星山澤）

作洪

日月

山居

（易卦）……（說文）日日雷風山澤

水火

星居此火海

說文

宗教

一、哲学不讓實現○科為哲学不讓物質
信教之本建（哲学）於精神○教宗講誠與意識精一之貢獻於社會大義
義務者與耶教大新約精神 權歷宗教化精神先共當上帝
皈依之旨 先祖及其之崇拜文字與偏依之尊服同一樹道
視宿人與道德同一可鄙 耶教同教所以之知人於白地
拜之奴隸同也使人了然于萬世眾之責任不可批評其主
之也
超自然主義○一處於自然界之佛 二則與自然界爭通於府
於所畏。三信生命之存頭有仁慈之友快樂之地 四企圖
以能普及信仰於所謂 此義務與爭真理也

宗教

應劫破除迷信之論

風俗通義卷九

速信

俗諱生之子五月生子

風俗通 二、六

宗教

伏治 秦

漢郊祀志 廿五上9下

祭地圜上

又 廿五上9上

[illegible]麟鳳在郊藪，龜龍游於洛，河洛出圖書

漢書眭弘傳說策 黃、麟鳳至，龜龍在郊，河出圖，洛出書

日祭月祭

見漢書韋玄成傳（七三下上七 下四）後漢明帝除日祀紀（三下） 見後書章帝

宗教

漢書王莽傳天鳳三年長平館西岸崩邕涇水不流毀而北行遣大司空王邑行視還奏狀羣臣上壽以為河圖所謂以土填水匈奴滅亡之祥也乃遣并州牧宋弘游擊都尉任萌等將兵擊匈奴（卷九中卅下）

五德相代說出孔子但以三百四歲為一德 後書郎顗傳注引乾鑿度（卷卅下）

管輅兼通相術射覆風角鳥鳴 見魏志本傳

歲終逐疫 立桃象人於門戶 挂蘆索於戶上 畫虎於門闌 除牆壁書畫厭火丈夫 論衡十二謝短

宗教

立春東耕爲土象人男女各二人秉耒把鋤或立土牛論衡十六亂龍

董仲舒申春秋之雩設土龍以招雨同上

今妄取刀劍偃月之鈎摩以向日亦得火同上

上古之人有神荼鬱壘者昆弟二人性能執鬼居東海度朔山上立桃樹下簡閱百鬼之無道理妄爲[redacted]人禍縛以繩索執以食虎故今縣官斬桃爲人立之戶側畫虎之形著之門闌[redacted]（同上）

宗教

漢子侯表上 鄗侯周 征和二年坐祝禬上 師古曰禬古詛字也 要斬

安檀侯福 坐為常山太守祝禬上 訊未竟病死獄

侯居彝 坐為巫相祝禬要斬 沂平曲節侯曾孫

四年坐父祝詛上免 廣陵厲王子 武五子傳（六三 廿五 9上）

巫祖禱祠見之孫旅 劉屈氂傳（漢六六 一五）

有司以宮內之陸生為行疫鬼祀（後書蔡邕傳 九十下 5下）

禖（漢書戾太子傳 六三 1上）

小民正月朔日尚與毀敗器物（漢鮑宣傳 七二 11下）

飲酒醉地見漢外戚傳（九七下 8上） 案此即古之禖

宗教

立官稷 漢平紀元始三（十二上）

呪咀上以相約 漢書文紀二年（四下） 漢秘祝 十三年（四上）（見郊祀志前上）亘

夫躬侍呪盜方（四五下） 巫蠱祠道中 武紀天漢二 秦書漬母病道中司道址諸飲食即

此（八上）

漢不拜日於東郭 旦夕常於殿下東西拜日（續書禮儀志注 十六上）

董仲舒求雨 方市毋內丈夫毋得相從飲食 令吏妻各往視其

夫 令吏民夫婦皆偶處 凡求雨大體丈夫欲藏而居女子欲

和而樂 續書禮儀志（十五上上）

宗教

禁民私所自立社（見五行志中之上注）

「令民除秦社稷立漢社稷」（傳高祖二年）（上注）　令祠官祀天地四方上帝山川以時祠之　又　高祖即位置祠祀官有秦晉梁荊之巫（傳高紀贊）

文帝廣增諸祀壇場珪幣令祠官毋有所祈（紀十三年）（傳の外）

建元元年令祠官修山川之祠為歲事曲加禮（傳六作）

行幸雍祠五時　武紀元光二　元狩元二　元鼎四の五　元封二の　太始の

立后土祠　武紀元鼎の

立泰時　武紀元鼎五　郊泰時　武紀元封五　天漢元　傳之四之元

膢臘　武紀太初二　周公隆正帝王以其祈　三之盛而祖[illegible]以其德

宗教

而臘更命靜古禮者八有祖祭歲終有蜡臘無正月始祖
之祀法（十五4上）
續書禮儀志　臨江閔王被徵祖於江陵北門（昌帝十二王傳　陳五三2上）
隋宣帝立白虎[redacted]隨侯劍寶玉寶璧周康寶鼎之祠（隋
郊祀志　廿五下3上）
楚懷王隆祭祀事鬼神（隋郊祀志　廿五下1上）
王莽以日月星辰為六宗　易六宗〔六子為〕（隋郊祀志　廿五下8下9上）安
帝六宗改從歐陽說（續書祭祀志中八上）六宗衆說見注
天文災祥及感應之理　陰陽之精其本在地上發於天（隋
天文志　廿六上）
庶氣（隋天文志廿六9下）　慶雲（又）　天海（隋天文志廿六10上）

宗教

候歲美惡（隋天文志卅七下）　聽聲（隋卅六上）

避時（隋天文志　卅二上）　避疾見（後書魯恭傳卅五下）

戰國穿機祥候星氣尤盛（隋天文志　卅六上）

隋並互有候星者（隋天文志　卅四上）

雞卜（隋郊祀志）　越方見後書方術傳（卅下五下）

徑路神祭匈奴休屠王（隋郊祀志　卅下二下）　胡巫祝之端由祠

在安定縣那（地理志廿八下26）　江充用胡巫（隋本傳63下　戾太子傳63上）

燒身處有吐銅錯卅年百餘歲多如道耳為種人所信向皆

從取計策（後書竟傳　卅上）

地理志中祠已△出

宗教

卜之寃乎（陳寵傳 廿下）

漢書欒布傳「燕齊之間皆為立社，號曰欒公社」（四七下） 布為燕相 齊之

（石慶見萬石君傳）、渭城立
石相祠（同上五上） 於建祠（本傳六〇下） 城郭諸國立段會宗祠（本傳七十上） 東海為于公生立祠（于定國傳七一上） 陳

寵生祠見後書李寵傳（四六下） 烏桓立鄧訓祠見鄧禹傳（四六上） 生立廟者義見書彪傳（五六上） 主者（本傳六六下）

此與見本傳（九五下） 楊厚門人為立廟 郡文學掾史春

秋饗會射常祠之（本傳）（六十上下） 孔融傳為北海相 郡子

甄子然臨孝存早卒 融恨不及之 乃命配食縣社（百上）

後書儒林傳宋登為汝陰令 卒於家 汝陰人配社祠之（百九上）

生祠任延循吏本傳（卷七六）　立祠於王渙許荊見循吏本傳（卷七六上左）後郴士立祠堂於（卅下左）　吏民為之立祠清循吏傳文

為朱邑公行見卷八九上左（卷五下）

厭運之術　案三國吳志趙達等傳注引葛洪神仙傳作是（十左）

刻木為人射之（三國志常林傳注廿三左）匈奴為偶人象郅都令騎馳射見漢酷吏郅都傳漢書亦然見本傳九〇左為桓對以相琨見後書（三左）

遙哀三國志陳羣傳（廿二左）

弁辰以大鳥羽送死其意欲使死者飛揚（三國志本傳卅左）

倭渡海使一人持衰（三國志本傳卅左）

寶物使為山形於皆取重家見以鮮本傳

宗教

靈星即雩 春雩禮廢秋雩禮存 世儒妄說爲歲星 論衡祭意

（并注）

郭大（未述）信 李傕（三國志六注） 焦和（七注） 公孫瓚（八注） 文欽

諸葛誕（廿八注）

黃皓（蜀志十四注） 孫皓（吳志三注）（廿注）

天之祐人，務備人以物，爲人不求索則否耳 從來（述）行祈禳求見（人） 祐者自見祐之義也

又論衡之 感虛篇

人（協爲魚異見）濟南茅七中之下注 人多捨錢繫樹而以爲神（三國志十一注）禪之不遂 詔禁雲霧（又八注）皆此類

盛夏之時雷電擊 折破樹木發壞室屋 俗謂天取龍 其犯

殺人也謂之陰過 飲食人以不潔淨 圖畫之工圖雷之狀累累

如連鼓之形 又圖一人若力士之容 謂之雷公 使之左手引連鼓

右手推椎若擊之狀 稱曰亦為雷之形一出一入一屈伸

為相扣擊則鳴（論衡六雷虛篇）

太山天帝孫 主召人魂 以書為楊傳注（冊一） 案三國志烏丸傳注引

魏書（冊四）語 曼謂泰山請命 凡以為（冊上）管輅謂泰山

治鬼見國志本傳（卅八）

〔三國志〕呂蒙傳 權〔命道士於星辰下為之請命〕（冊五）

一宗教

~~[illegible]~~

~~[illegible]~~

戌日殺雞曰謝刑德雄著門雌著戶

以和陰陽

風俗通義卷八頁二三

取公姬

同上卷九頁二

為怪治婦女下賤

同上卷九頁三

宗廟

光武並爲舂陵宗室起祠堂　紀建武十七年（一下卅）

光武尊薄太后爲高皇后配食地祇遷呂太后廟主於園　紀中元元年（下卅）

張酺等以依光武黜呂后故事貶章德竇后尊號和帝不許　見后紀（十上七上）

獻帝初平元年有司奏和安順桓四帝無功德不宜稱宗又恭懷敬隱恭愍三皇后並非正嫡不合稱后皆請除尊號制可　見紀（九卅）　議出蔡邕　見續書祭祀志（十九卅）

宗廟

殤帝不列於廟，就陵寢祭之，沖、質帝同。續漢書祭祀志（中九27下-28上）

安帝無上宗之奏，以建武以來無毀者，遂常祭，以

其陵號恭宗（又28下）

園於陵上作之（武紀建元六年注）

園廟毀後見平帝紀（七一54上）、貢禹（七二82上）、韋玄成（七三47下-[illegible]）

原廟見叔孫通傳（四三8上）

昭穆見續書祭祀志（中九28下）

魏三祖廟不毀（明帝紀景初元年（三下））

宗教（術數）

六甲孤虛見漢書藝文志（四迹） 孤虛見史記龜策傳始看

孤虛法

便時謂得吉時見漢書楊雲傳（六の下）

六丁謂六甲中丁神見後漢書孝明八王傳（八十下）

反支日見後漢書王符傳愛日篇（七九下）

剛卯（王莽傳九九中上）（續漢書輿服志の下）

九宮一算見三國吳志趙達傳（六三上）

夢男女登死廿夫餓妻、賤夫（賤父、子財見、之弟 宅巨

吉凶術有歲月（論衡三何会篇）

宗教

讀史兩雩禘禘說の 求古録

宗廟變食說。兼及郊丘說 求古録禮說補遺

方明會同考 同上十三

天有五帝地有五神是爲五祀以爲人神非帝五祀考 同上十三五

蜡祀義若說十 同上

の類の禪考七 同上

閩粵本多方術上而一像 筆學商兌

讀○寫如之讀見漢書西域傳補注話究竟不通 漢讀國如大

宜見書籍附卅八 此

郊建國上○同上

周用六代禮樂魯用四代 始郊禘盛事祈穀雩日至之郊 周日
至之郊以圜丘郊祈郊正為二以周郊在建寅之月非魯事故是言禮
義一駁鄭氏言
至不祭時説
禘祫一祭説二 同上
禘非禘辨一 同上 祈雨求神之事非祭名 同上 禘禪辨附禘
郊祀有祭百王之禮 附禮秋書陵自撰文錄 由孟郊之代祀之考
天子祖廟祭國 同上
祭國不出之日乃朝不宿國之義 稽廣已存の
宗廟之祭與九獻 大享饗事祭是言 禮義一
讀儀之説二 同上

指其乃所自出之帝廟宗來不毀言其義一

禘嘗之義辨齊已存稿二

周祀先公 同上

兄弟廟制異昭穆考 經訓書院自課文二

古者世及無論子孫從兄弟相及廟皆遷毀 同上

漢人議毀廟有二說首以韋玄成為正劉歆說出蓋漢後帝皆稱

宗廟皆不毀 同上二 天子也 廟二祧考四

祭法祧廟義不可據 同上

天子帝禮亦不廟 同上 與諸侯異者天子有始祖又有受命祖

同上

洪範論干議稿一　癸巳存

古祠天泰極于の義古文說　癸巳辨稿一足說の

太乙行九宮天象序曰下の節　書步斷二乾贊

饗不言拜聲祀稽禄方饗經舞の文　禘稽同　存來像

春秋時嘗之禘禘亦像　同上十

三年一禘之說經禘於祫始自杜預　亦像　同上

以免喪之明為吉禘乃僖說　九像　同上十

禘天祖稿二　癸巳存

周之始郊日以至辟自謂之二　禘祠書院

魯無所望廢二祀考六　同上天子七

古嘗兼禘考一禘考 經訓書院自課文一

以弗無子毛詩說爲以求無子禖見爲長 十三 答問二 經訓

郊特牲鄉人禓即論語鄉人儺禓當作禓殘佳說 文禓

鄭說見禮書卅五 說文內傳 示部禰

寢廟乃廟後又有寢 述古録十 一、薦考

陵寢之制始於漢 同上

大夫士宗廟亦宜朝薦 同上

薦考、述古録禘說十一

祭天神地示不求神說 述古録禘說十三

天子宗廟九獻辨 同上

日月崇拜止三品の諸の鄰辯 古籍禮說七

周九朝朝制與道說 同上十二 七朝九朝以世數言非以朝數言 同上

天使乃不知誰日之神 癸巳類稿五 友律天使叢

六宗說說 同上一 六宗叢 廣

近神者有樹之精社壹子之齋不將國即此陽社立 同上六論

然時男女屬而觀因以觀西人 同上五齋 祖藝社叢

蠶神 癸巳存稿 二蠶馬

六天之名乃兩臨六府 同上二六府 非六天名說

嚴有の宗 求古錄禮說十 二朝制度通說 有功德者宗也無定數廟六致

古人紀大多時日不給之稱子七廟二祧者の 經訓書院自課文 天

同堂異室之非 求古録禮說十二
麻劉齊通說 求古録禮說十二
人臣從享於君不當曰配享 禘祫辨 同上七
魯之郊禘非成王所賜僭於周公 同上
禁祀考 同上
郊天圜丘非以嚳配 禘祫辨 同上七
天皇大帝即太乙當即今句陳大星 同上
禘祫社說 同上
祖功宗德祖當僅指始祖一人宗無定數 同上
魯郊雩皆在夏正仲月先儒謂在寅巳之月非 同上四 詳見雩解

見祀徒以賊擅。如會稽祠秦始皇，与禹同廟，南海祠孔明
青齊祠城陽景王，後青州尚慕其立祠至六百餘所，為魏武所毀
見本紀注
引敘書
漢時言瑞應。[redacted]孝宣之治，史稱其信賞必罰，綜覈名實
為西京之最，然靡下傳言瑞應之風實自茲而起，劉向遂崇封
奔緯讖之術則亦不可為諱也。漢書光武帝紀：中元元年，是
夏，京師醴泉涌出，飲之者固疾皆愈，惟眇蹇者不瘳。又有赤草
生於水崖。郡國頻上甘露。群臣奏言：地祇靈應而朱草萌生。孝
宣帝每有嘉瑞，輒以改元，神爵、五鳳、甘露、黃龍，列為年紀，蓋以
感致神祇，表彰德信。是以化致升平，稱為中興。今天下清寧，靈

物仍降。陛下情存損挹。推而不居。豈可使祥符數慶。沒而無聞。宜令太史撰集。以傳來世。帝不納。常自謙無德。每郡國所上。輒抑而不當。故史官罕得記焉。（一下）章帝紀論曰。在位十三年。郡國所上符瑞。合於圖書者。數百千所。（三9下）和帝紀云。萬以符瑞八十一所。自稱德薄。皆抑而不宣。（8上）夫雖曰抑而不宣。然臣道諛育媚之風。則初未嘗少止也。可不謂宣帝啟之與。

師丹薦然相史孫使至下神為國材稱儒也於圖傳（八十七上）

招魂復魄。士喪禮注。復者有司招魂復魄也。疏。死者魂神去離於魄。今欲招取魂來。復歸於魄。故云招魂復魄也。

凡以神仕者無數。以其藝為之貴賤之等。周官宗伯文注。以神士也。男巫之俊有学问才知者也。

諸神同化。(一)謂係一神而異其名(二)其不得指為一神者則認為一神之各面觀神乃合一矣 神或亡 或互相結合如以甲神為乙神之妻 猶大人已有惟一尊神耶和華波斯有一神之拜日教 故皆不信

科學宗教無衝突。宗教之旨在大同。猶人類有進於大同之日。此固史學科學所證明也。 蓋空想社會主義亦如是矣。僅其所取途徑有可議耳。其宗旨固非不實也。

五府。史記五帝本紀文祖者。堯大祖也。集解鄭玄曰。文祖者。五府之大名猶周之明堂。索隱尚書帝命驗曰。五府。五帝之廟。蒼

甘靈府。赤曰文祖。黃曰神斗。白曰顯紀。黑曰玄矩。正義：「尚書帝命驗云。帝者承天立府，以爲天下宗也。唐虞謂之五府，夏謂之世室，殷謂之重屋，周謂之明堂，皆祀五帝之所也。文祖者，赤帝熛怒之府，名曰文祖。火精光明，文章之祖，故謂之文祖。周曰明堂。神斗者，黃帝含樞紐之府，名曰神斗。斗，主也。土精[redacted]澄靜，四行之主，故謂之神斗。周曰太室。顯紀者，白帝招拒之府，名顯紀。紀，法也。金精割萬物，故謂之顯紀。周曰總章。玄矩者，黑帝光紀之府，名曰玄矩。矩，法也。水精玄昧，能權輕重，故謂之玄矩。周曰玄堂。靈府者，蒼帝靈威仰之府，名曰靈府。案此下有奪文周曰青陽。

大谷教

大谷教者出於安徽石埭周大谷大谷名穀字星垣大谷其號也大谷唐揚州傳其學者為儀徵李晴峰光炘流寓石埭積中時直大平軍起遁積中避亂於山東黃崖山山在肥城縣北接長清為大平軍所未至而避擄寇民築[redacted]岩為守禦計避亂者多歸之積中至[redacted]士大夫及販夫走卒多往[redacted]學焉[redacted]雖非田疇之於徐無亦庶幾管寧之於遼東[redacted]矣同治四年濰縣民有未嘗從黃崖者縣令懼而捕之聞於巡撫閻敬銘敬銘檄肥城令往查令自入山見積中知其無他事遂寢明年九月益都民有謀叛者事洩被捕供與黃崖通其黨嘗師積中時丁寶楨為布政使委唐文閬者與長清令偕入山召積中出

既入見積中弟子吳某書師本在語未記有持一紙書入者吳[redacted]讓
之色變遁趨文殿行文殿馳或追之戕其從者長清令之從者亦
戕焉時則長清肥城鄉閒有被焚掠者[redacted]實不知賊自何來也官文
使招積中積中欲出山中人群持之不得出而官使入山者且被阻殺
銘率兵往[redacted]招甚[redacted]民無出者而民間訛言捻黨將來援乃進兵擊
以巨礮兵士不肯進則毋之山破積中闔門自焚或謂弟子從之
者咸與俱有見獲者亦灑然願從其師死無感容雖婦女猶然積
中固必非謀叛之人黃崖民亦無叛意即官吏初不疑其叛而卒
之至石俱焚[redacted]鄧知之耳則官民隔絕官不知民情
民不信官之語有以致之也觀吳某方與唐文殿語[redacted]有持一

另入

紙者而事偏使其癥結可知積中所以見持而終不得出者亦以民與官相疑者深也豈一朝一夕之故哉。晴峰學者稱龍川先生，其學傳諸泰州黃隱明操年之之居[redacted]吳之嚴衛前事之者頗衆[redacted]特以黃崖之案踪迹甚晦，友朋中吳汪叔良德厚嘗往見之而未嘗從學也。太谷之學近於王陽明而亦雜二氏，時為人治疾，人[redacted]戢謠言其能役鬼通房中術，而積中居黃崖率其徒古衣冠以祭孔子，亦為謠諑之所由興云。

自凡設教者當切於人倫日用，孔子之教無論矣，即佛耶回方其初興時亦無其以淺入。於虛無罔執於當世之事若無所見，則傳其教者之流失也，彼所謂不察名實者。夫不察名實之識，雖俗儒之是古非今者亦不能免焉然其所言者固猶當世之務也特其所以處之者非耳抑其所以處之者雖非其所欲為此固猶是人事[redacted]也乃有生而其性有異於恒人者遂若於人之所見之外可以別有所見且知治天下孰不知禮樂兵刑之當務而自彼輩言之則一切可以不事而但治其心即可以致太平問其何以能[redacted]如是則曰人皆可以為聖人特未積教之者耳或知禮樂兵刑之不可廢則又[redacted]以為於治其心則[redacted]臨時治可自適絕不知此事之根盤節錯也又知古衣冠俎豆何與於治而此輩亦或執為大有關係必不可廢既必不可以不復知積中之古衣冠以發孔子致成難諸之根是矣要而言之不察事實而已矣以此輩修為之功豈忍一無所自益於天下何與哉

宗教（卜筮）

俗信卜筮謂卜者問天筮者問地 論衡

後漢書方術傳為說者隨家之書，喜觀於卜杜等（八二上） 案

卜見彼，如郎顗傳（三十下上）、翟酺傳（四八下）、姜肱傳（四三上）、楊

川范冉傳（八一下）亦見方術樊英傳注引謝承書（八十二上）

卦諸將貳師最吉而反降（漢西域傳 九六上）

僂拘背而卜龜者今鬼視火燒占兆 三國志吉孝傳（四十上）

於卜者之十焉之四十年之狀 荀子正論篇 讀閱家藝部

卜筮、宗教

古卜法既廢　古卜文字

考卜法第三

涪陵大龜緣中文今文論為文　隨佳說文又部又

東塾讀書記

卦影之乾為天條

宗教（續）

緯字摘稿六 廢邑類

緯之[redacted]始末 漢學商兌中之下

王氏日儀案六の

宗教（讖）

後書李通傳父守初事劉歆好星曆讖記（〇五上）

白水真人（後漢書光武紀論（一下10下））

董卓引石包室讖（後書楊震傳（八〇9下））三國志董卓傳注引華嶠後漢書（六7上）

建安時禁內學及兵書　三國魏志常林傳注（廿三7上）

論衡實知篇孔子讖亦見續書郡國志注引漢晉春秋（卅7上）

後書鍾離意傳注引意別傳（七一6上）

馬融以孝論圖讖名見鄭玄傳（後書玄傳（六五5上））

樊儵與公卿雜定郊祀禮儀以讖記正五經異說（後書樊宏傳（六二四上））事在永平元年

宗教（讖）

張純引秦建辟雍，依案七經讖（後漢書本傳）（三五上）

七經讖謂詩書禮樂易春秋及論語也（後漢書純傳注）

曹褒父充建武中上言大漢當自制禮　元和二年

詔書引圖讖（後漢書曹褒傳）（三五下）　沛蒼子純　永元十三年卒

言漢當改作禮樂圖書著於純傳（三五上）

樊英以圖緯教授（後漢書方術傳）（八二上）

孔子玉版見三國[redacted]志注（文帝紀）引獻帝傳（卷二）

鄴王天下謂鄴曹操，魏亦曹操（同上引干寶搜神記）（卷二）

東漢將絕載主之言亦謂於天下者曹操（武帝紀）（一之上）

宋前讖

袁紹傳發兵討劉虞，發稱讖云神人將在燕分（三國魏志公孫瓚傳注引九州春秋）（八上）

公孫度語讖書云孫登當為天子，太守姓公孫，字升濟，升即登也（三國魏志本傳注引魏書）（八下）

讖見在三七之間（漢書路溫舒傳五下）

王莽時絕符命，見漢書揚雄傳（八七下上）；鄭寬見儒林傳（八上）

王況造讖書十餘萬言，見王莽傳（九九下上）

·（王莽傳九九中下）

後漢書楚王英、阜陵質王延皆以讖敗

神仙

王乔

揚雄不信仙

東方朔

王陽鑄金

風俗通(三)の中

淮南王

又(三)に

宗教

道人道士之別

十駕齋養新録卷十九

宗教（神仙）

少翁招致李夫人（準外戚傳九七上6上）

王莽溺方士（本傳九九下27上40上）

甄尋隨方士入華山（王莽傳九九中8上）

神仙家誕妄。抱朴子道意篇李寬祛惑篇古強蔡誕

項曼都自和

「楊雄云無仙道桓譚亦同」（博物志五．五）

宗教（神仙）

章帝賜東平憲王蒼「秘書列仙圖、道術秘方」。（後書光武十王傳，七二北）

欒大、五利侯。元鼎四（漢書紀），要斬（元鼎五）。

費長房失符為衆鬼所殺。（後書方技傳，續五）

漢書景武昭宣元成功臣表邗侯李壽，征和二年「九月，三年坐為衛尉居守，擅出長安界，送海西侯至高橋，又使吏謀殺方士，不道，誅」。轑陽侯江[redacted]仁，「元鳳四年坐使家丞上方罷逈以符道方士免」。

宣帝復興神仙方術（漢書劉向傳，卅六北）

梅福傳「九江至今傳以為仙」（漢六七北）

外交

景教　基督教東西分裂

景教者。東敘利亞、波斯、中亞、印度之基督教徒與正宗教會分離者也。正宗教會本用希臘語。在西方者用臘丁語。後隨羅馬帝國而分裂。在東者用希臘語。東羅馬帝國政教未分。士但丁之皇帝即為教主。但攬教於各地方之大主教。在西者用臘丁語。國家民族教會猶存。而受帝權之支配。教權屬西部大主教之首席。即羅馬城之大主教。西羅馬帝國亡。遂成為一帝主。享用大法王之號。見世界史綱第八葉　第四世紀時。教會統馭世界之思想流行。於各國勝過。而握神權。獨其大政。塵權而。其所附在基督教時。輒舉戴之協力。遂遍羅馬之兩邊。五至十五世紀之歐洲史，乃實現其神聖之世界政府之失敗史也。

耶穌會

始於聖易格内细阿，西班牙人，少任俠。一五二一年，法人攻西班（明武宗正德十六年也）牙之判佩盧那，易格内细阿守禦，傷其足，對之遂傾心於宗教，與諸、裁判所禁其傳教布之學。一五三八年，明世宗嘉靖授而教師明（請十六）年成耶穌運，以軍隊之名名之，對以軍隊之紀律勇氣用諸宗教之信徒，以一身借教會之驅遣。中國明之後基督教之復入，亦耶穌教士之力，印度、非洲之傳教亦以耶穌會中人爲巨擘。文字化南美印地安人甚最大，威續立援爲天主教之首標準（猶）。耶穌會之學校，在基督教國爲最好之學校，有歷時頗久，新教亦受其激厲勇

外教

力於教育事業詳見世界史綱四の章五節第六五一

宗教革新運動（社會科學史綱册六頁三五九）。確立新教，徒得以依自己見解詮釋聖書，宗教上個人主義因之而興。形成各種教派，神學上之争辯，引起對社會政治之批評，及道德之家庭研究，有特力是也。但只以聖書代教皇，而知注重理性，如路德即排斥歌白尼。但其根本精神與革命个人主義自由批評近，而易於出發已。

基督教宗旨。服從上帝，博愛，消極服從，勸告世人服從人為一切律法所謂權威之網羅，議權威也，減少而少革命色采，但適足保護其舊壓耳。後以人類因始祖犯罪，失其本性，政府為必要。政府為神聖機關，服從政府為應有之道，微論政良

政治社会制度[illegible]功主要任务乃权利自由之实现也

宗教（巫覡）

漢時胡巫。漢書地理志安定郡朝那有端旬祠十五所胡巫祝。

江充傳充將胡巫掘地求偶人（同上紀），武五子傳太子炙胡巫上林中。

（見三征）

佛時仍無文字。地中海東之字母，爲印度文之原。時尚未入印度。故佛作精短偈言。或法句。或單提要點。其徒擴而充之。近人見印度思想界，多用數目爲紀。如八正道、四聖諦等，甚覺可厭。然在無文字之世，實助記憶所必要也。韋爾斯世界史綱廿五章二節。叢三。已

基督。希臘語即猶太亞救主之謂也

耶穌教入中國。始於馬禮遜。見陳恭祿中國近代史上冊四二頁

宗教

天方教入中國〇六二八年唐太宗貞觀二一摩阿利伯人由麦地那乘船至廣東為摩訶末所遣　其致太宗之书大约與其致拜占庭皇帝希拉克利及波斯息豐之喀瓦的者同　太宗既亦如希拉克利置之不理亦未如喀瓦的侮辱使者而待之以禮於其神學之見解斷加贊許助其建一清真寺於廣東以備阿利伯商人之用至今猶存蓋世界最古清真寺之一也　世界史綱廿章七節業の八七

今以科學家不復靈魂勝物

宗教

基督教以前的宗教

第一 被壓迫者之團結

[illegible]教

[illegible]教

重儀式等

第二 寄宗教於[illegible]

「實禱祈書無其社稷者而鄭遂皆錯

天子之郊也」

臘嘗信文鄭云不言其祠當王者所闕戚王者以守其

之有讀為禱之社田者也其田祭社稷

田祀禱

於月為秋祀禱往禱者西方謂四方句芒

之神也

祠禴與嘗 釋天文

鄭以為（禘祫）周公所改 其禴禘嘗烝文 王制則

夏殷 以上見詩小雅天保疏

郊特牲「故春禘而秋嘗」注「此禘當為

禴字之誤也」

案祭統「凡祭有四時 春祭曰礿 夏祭曰禘 秋祭曰

嘗 冬祭曰烝」 周官大宗伯「以祠春享先王 以禴夏

享先王 以嘗秋享先王 以烝冬享先王」

大祖東鄉昭南鄉穆北鄉

古文之解詁

○天子七廟三昭三穆與大祖之廟而七此周制七者大祖及文王武王之祧與親廟四大祖后稷殷則六廟契及湯與二昭二穆夏則五廟無大祖禹與二昭二穆而已。祧他彫反契息列反諸侯五廟二昭二穆與大祖之廟而五大祖始封之君王者之後不爲始封之君廟大夫三廟一昭一穆與大祖之廟而三大祖別子始爵者大傳曰別子爲祖謂此雖非別子始爵者亦然士一廟諸侯之中士下士名曰官師者上士二廟庶人祭於寢寢適寢也。適丁歷反

疏天子至於寢。正義曰此一節明天子以下立廟多少不同之事各隨文解之。注此周至而已。正義曰鄭

十三經注疏 禮記十二 王制 二三

氏之意天子立七廟唯謂周也鄭必知然者按禮緯稽命徵云唐虞五廟親廟四始祖廟 夏四廟至子孫五殷五廟至子孫六鉤命決云唐堯五廟親廟四與始祖五禹四廟至子孫五殷五廟至子孫六周六廟至子孫七鄭據此爲說故謂七廟周制也周所以七者以文王武王受命其廟不毀以爲二祧并始祖后稷及高祖以下親廟四故爲七也若王肅則以爲天子七廟者謂高祖之父及高祖之祖廟爲二祧并始祖及親廟四爲七故聖證論肅難鄭云周之文武受命之王不遷之廟權禮所施非常廟之數殷之三宗宗其德而存其廟亦不以爲數凡七廟者皆不稱周室

案鄭說同者有白虎通

云上士二廟以通祭法適士二廟

鄭又云非別子者證以大夫從其父祖至祖之廟隨時而

遷不得立始封者爲大祖以爲別子大夫之廟也

衣服

后服（王后三翟 和）此外世婦子命婦之字副

參禮記深衣篇之言——

公侯伯詳禮天子諸侯之服寫命服及之一

之服而下子男之服王者不得復王之服周家和服之別

子男之服侯伯之服而下子男之服自冕已下

而己服卿大夫三服之士二服諸侯之卿大夫

此之士二服諸侯之士一服

教傳十五　天子七郎

法官宝

太夫三

士二

礼匠天子七郎

法官宝

太夫二

士一

宗祖即云其餘明此禘郊宗廟外其餘諸事不更立者皆不變也不可獨據前三事以外揔包之其社稷神配祭雖是更立非當代之親而禘郊改易也○天下有王分地建國置都立邑設廟祧壇墠而祭之乃爲親疏多少之數是故王立七廟一壇一墠曰考廟曰王考廟曰皇考廟曰顯考廟曰祖考廟皆月祭之遠廟爲祧有二祧享嘗乃止去祧爲壇去壇爲墠

壇墠有禱焉祭之無禱乃止去墠曰鬼諸侯立五廟一壇一墠曰考廟曰王考廟曰皇考廟皆月祭之顯考廟祖考廟享嘗乃止去祖爲壇去壇爲墠壇墠有禱焉祭之無禱乃止去墠爲鬼大夫立三廟二壇曰考廟曰王考廟曰皇考廟享嘗乃止顯考祖考無廟有禱焉爲壇祭之去壇爲鬼適士二廟一壇曰考廟曰王考廟享嘗乃止顯考無廟有禱焉爲壇祭之去壇爲鬼官師一廟曰考廟王考無廟而祭之去王考爲鬼庶士庶人無廟死曰鬼

注當爲皇

注鬼亦在祧祫乃祭之春秋文二年秋大事于大廟傳曰毀廟之主陳于大祖未毀廟之主皆升合食于大祖是也

注凡鬼者薦而不祭

疏王立七廟者親四始祖一文武不遷合爲七廟也　遠廟謂文武廟也

以高祖之父及祖之父爲二祧

宗廟

七世之廟

鳴呼七世之廟可以觀德天子立七廟有德之王則爲祖宗其廟不毀故可觀德萬夫之長可以觀政能整齊萬夫其政可知○長丁丈反疏嗚呼至觀政○正義曰此又觀王修德以立後世之名禮王者祖有功宗有德雖七世之外其廟不毀嗚呼七世之廟其外則猶有不毀者可以觀知其有明德也立德在於爲政萬夫之長能使其整齊可以觀知其善政也萬夫之長尚爾況天子乎觀王使爲善政也○傳天子至觀德○正義曰天子立七廟是其常事其有德之王則列爲祖宗雖七廟親盡而其廟不毀故於七廟之外可以觀德矣下云萬夫之長可以觀政謂觀其萬夫之長此七世之廟可以觀德謂觀七世之外文雖同而義小異耳所謂辭不害意漢氏以來論七廟諸多矣其文見於記傳禮器家語荀卿書穀梁傳皆曰天子立七廟以爲天子常法不辨其廟之名王制云天子七廟三昭三穆與太祖之廟而七祭法云王立七廟曰考廟曰王考廟曰皇考廟曰顯考廟曰祖考廟皆月祭之遠廟爲祧有二祧享嘗乃止漢書韋玄成議曰周之所以七廟者后稷始封文王武王受命而王是以三廟不毀與親廟四而七也鄭玄用此爲說惟周有七廟二祧爲文王武王廟也故鄭玄王制注云此周制七者太祖及文王武王二祧與親廟四太祖后稷也殷則六廟契及湯與二昭二穆夏則五廟無太祖禹與二昭二穆而已是由不見古文故爲此謬說此篇乃是商書已云七世之廟則天子立七廟王者常禮非獨周人始有七廟也文武則爲祖宗不在昭穆之數王制之文不得云三昭三穆也劉歆馬融王肅雖則不見古文皆以七廟爲天子常禮所言二祧者王肅以爲高祖之父及祖也并高祖已下共爲三昭三穆耳喪服小記云王者禘其祖之所自出以其祖配之而立四廟庶子王亦如之所以不同者王肅等以爲受命之王是初基之王故立四廟庶子王者謂庶子之後自外繼立雖承正統之後自更別立己之高祖已下之廟猶若漢宣帝別立戾太子悼皇考廟之類也或可庶子初基爲王亦得與嫡子同正立四廟也

咸有一德

禮記喪服小記

○王者禘其祖之所自出以其祖配之禘大祭也始祖感天神靈而生祭天則以祖配之自外至者無主不上○王如字又于況反下同禘大計反而立四廟高祖以下與始祖而五○庶子王亦如之世子有廢疾不可立而庶子立其祭天立廟亦如世子之立也春秋時衛侯元有兄縶○兄縶知急反

宋朝

同大朝

詔之論出之｜好財天下不復

辟言

見文十三四至理據

宗廟

鄉用廟一屬之廟

祖于從祀出從主祀于同廟屬之廟也

蓋宗祀亦之鄉祖屬之說

嘗酎

古義之見於嘗酎

功日紀事

書額席上蘇守方事　於先王命祖其後與

事之

「羡毋……而大夫將廢……第……子孔

則靡……」

出陽五解詁

五月東樓廟問大夫之書　大夫問及大夫

之表

以草帖十五月東樓玉官

魯逆祀非異昭穆

見八佾禘自既灌疏「若兄弟相代則異昭穆設令兄弟四人皆立爲君則祖父之廟即已從毀」

祧

鄭義遠廟曰祧周以文王武王廟遷主藏焉

先公之遷主藏于后稷之廟先王之遷主

藏于文武之廟見春官守祧注

疏云后稷即太祖廟不在祧則諸侯太祖廟為祧謂諸侯遷祖總藏太祖廟

此至義二祧乃高祖之父高祖之祖與祧二廟

亦皆次第而遷文武為祖宗不毀見疏

古廟制—六九頁後　其遠者祧

宗無數乃別說看之—諸皆詳無

功德故不得毀為同出之宗—宗祧

制

三禮古說之王朝—禮與古今時篇　四十三頁

禘之爲祀君子德之事天下也
郊之與社祀
祖之
宗之宗布祀

一

義　鄭注云　後世禘郊祖宗人所取則仿古
出以律祖先配祖其祖考之
以宗社宮廟禘天之祭

七部至二部
秦漢紀錄十卷十一頁

神慮

一　諸社奉幣事

右、如先規為天下安穏宝祚長久之祈

同奉幣百宇神宮八人[illegible]祈被[illegible]

[illegible]沙汰者

祭祀

日祭月祀

日祭條見國語月祀條見鄭氏

魯公之下野廟象周文武之祇
明堂位魯公之廟文世室也武公之廟武世
室也武公倘需
言懷君教

「庶子不祭殤〻與〻無〻後〻者〻從祖祔食」

喪服小記文 案此庶不得立廟 就宗子主之

家宗子主其禮

祭祀

祭適殤—庶殤不祭

祭殤之差

王下祭殤五適子適孫適曾適玄孫適來孫諸侯下祭三大夫下祭二適士及庶人祭子而止祭適殤者重適也祭適殤於廟之奥謂之陰厭王子公子祭其適殤於其叢之廟大夫以下庶子祭其適殤於宗子之家皆當室之白謂之陽厭凡庶殤不祭○殤音傷奥烏報反厭於豔反下同

疏 王下至而止○正義曰此明天子以下祭殤之差也○注王子公子祭其適殤於其叢之廟○正義曰王子謂王之庶子公子謂諸侯庶子不得爲先王先公立廟無處可祭適殤故祭於叢之廟謂王子公子但爲卿大夫得自立廟與王子公子同者就其廟而祭之適殤其義已具曾子問

「下士祖禰共廟」

既夕禮（儀禮卷卅八）夙興設盥于祖廟

門外之注 疏「疑此亦適士二廟官師一廟……此據所祭一廟者而言」

「季夏六月以禘禮祀周公於大廟」

明堂位文

宗廟

「儀禮之內單言廟者皆是禰廟」

士冠禮注「廟謂禰廟」疏

禘，大於四時而小於祫。

詩雝序箋：禘各就其廟，祫合祭。

公羊文二年所記毀廟之主陳於太祖，

未毀廟之主皆升，合食於太祖也。

禘祫大小

王制天子犆祫疏

王者之以不而祫者之義見前

王制天子七廟注　疏云謂之此見所出王者

之廟〻〻〻以擇得無文云謂下而宗之始祖

而后得云宗祖帝乙故也蓋亦宗之廟郊

天之時斛以追遠代之祖配天而祭於禘

遠者於禘之郊如商之宗之郊也契也

諸侯不敢祖天子

〻〻魯有無適之廟鄭祖厲王魯非禮自三桓

〻〻廟大夫立姜嫄〻廟以魯公爲之廟若

周公之廟祭文王之廟以享廟也此皆

功德特隆非禮〻正〻也　王制天子有七廟疏

〻〻始封君之子爲之一廟始封之君之孫稍重

廟備也若異姓〻〻初封則但立其廟〻又

姜嫄廟

魯頌閟宮有侐傳閟之先妣姜嫄〻
廟在周常閉而無事孟仲子曰是禖
宮也疏言其在周則謂魯無其廟〻〻
孟仲子〻〻〻蓋以姜嫄祈郊禖而生后稷
故名姜嫄〻廟為禖宮
小雅斯干居似續妣祖箋謂似讀如巳午之巳巳謂巳地之姜嫄先祖〻

「禘所以異於祫者曰皆祭也」

此文之解詁

「劉惔云、、、正經無稽字、、、惟神記也
請日、、、」

右禧山三疏

「三年一祫五年一禘 公羊文二疏 劉歆説
禮緯文 以天道三年一閏五年再閏故言
[illegible]寶所每五年中為此二祭自相距
各五年非祫多禘少 詩譜序疏
公羊文二疏云三五參差隨數而下何特截月年
時乎

以肆獻祼享先王，以饋食享先王，以祠春享先王，以禴夏享先王，以嘗秋享先王，以烝冬享先王。

周官大宗伯文。注：宗廟之祭有此六享。肆獻祼饋食在四時之上，則是祫也、禘也。肆者進所解牲體，謂薦孰時也。獻，獻醴，謂薦血腥也。祼之言灌，灌以鬱鬯，謂始獻尸求神時也。祫言肆、獻、祼，禘言饋食者，著有黍稷，互相備也。

[illegible]諸侯 郊特牲 諸侯礿則不禘，禘則不嘗

大夫有事省於其君干祫及其高祖 注[illegible]

王者禘其祖之所自出以其祖配之

小記
大傳

諸侯及其太祖 注太祖始封君

大夫士、、、干祫及其高祖

注 干，空也。空祫，謂無廟，祫祭之於

壇墠 [illegible]及大夫士[illegible]

[illegible]大夫亦上及太祖[illegible]

云案大夫三廟[illegible]

[illegible]

謀國人聞之梁嬰父懼其知謀恐趙氏彊盛假此事而罪之趙鞅叛而得還不敢違命故安于自縊死耳而後趙氏定祀安于於廟趙氏廟【疏】祀安于於廟。正義曰禮臣有大功配食於廟周禮司勳云凡有功者銘書於王之大常祭于大烝司勳詔之尚書盤庚告其卿大夫云茲予大享于先王爾祖其從與享之孔安國云古者天子録功臣配食於廟大享烝嘗也天子既有此禮諸侯或亦有之今趙氏祀安于於趙氏之廟其意亦如此也○頓子牂欲事晉背楚而絕陳好二月楚滅頓傳言小不事大所以亡。背音佩好呼報反○夏衛北宮結來奔公

	春	夏	秋	冬
繁露四祭篇	祠 正月始食韭	禴 四月食麥	嘗 七月嘗黍稷	烝 十月進初稻
王制				
公羊桓八	祠	禴	嘗	烝

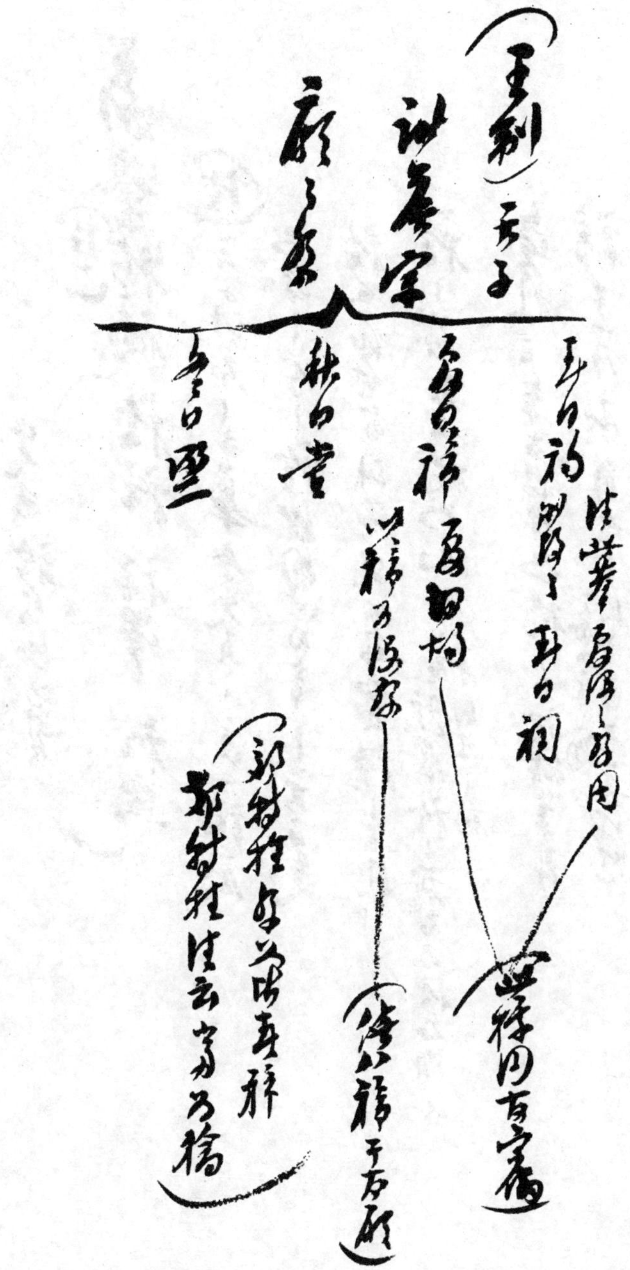

先為祫祭然後時祭

王制 天子犆礿（注一） 祫禘 祫嘗 祫烝

（注） 天子諸侯之喪畢 合先君之主于祖廟 而祭之 謂之祫 後因以爲常 天子先祫而後時祭 諸侯先時祭而後祫 凡祫之歲 春一礿而已 不祫 緣此祫之歲不可祫故時祭之礿

魯禮 三年喪畢而祫于大祖 明年春禘于羣廟 自爾之後 五年而再殷祭（每五年而） 一祫一禘 鄭以天子禮與魯同 孔疏三年一祫 五年一禘 鄭云五年一再通義

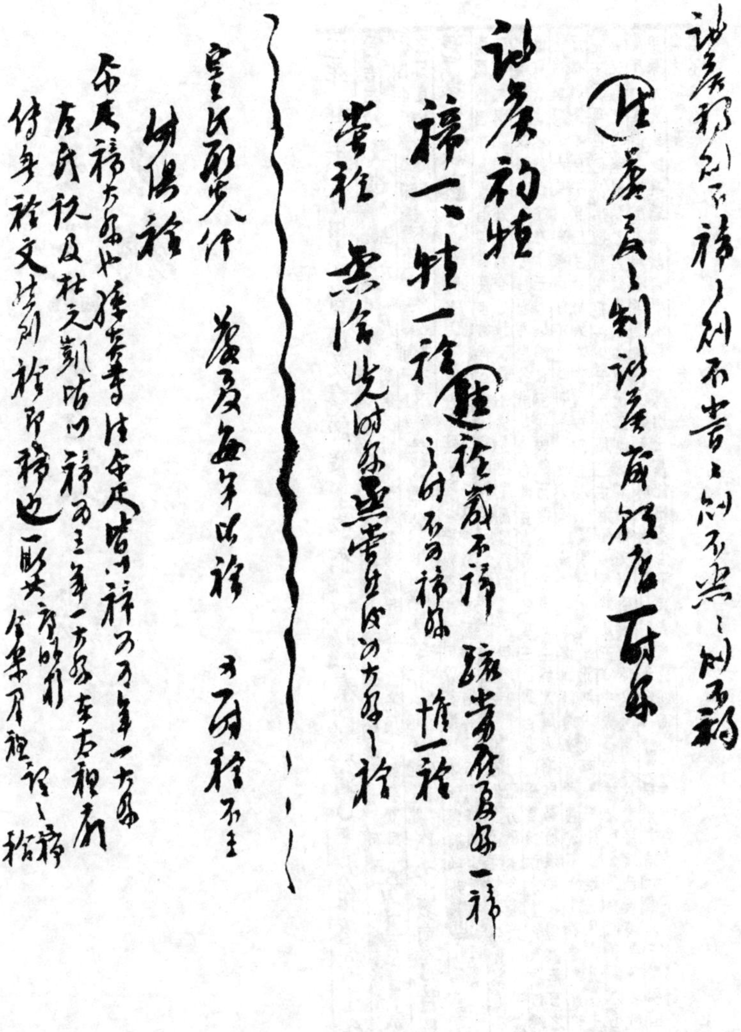

喪祀

立主之時及其大小 吉主

壞廟

二年春王二月甲子晉侯及秦師戰于彭衙（彭衙秦地○衙音牙）秦師敗績○丁丑作僖公主作爲也爲僖公主也（爲僖公廟作主也主蓋神之所馮依其狀正方穿中央達四方天子長尺二寸諸侯長一尺○爲僖公廟于僞反爲皮冰反長尺直亮反又如字下同）立主喪主於虞（禮平旦而葬日中反而祭謂之日虞其主用桑）吉主於練（期而小祥其主用栗）作僖公主譏其後也（僖公薨至此已十五月）作主壞廟有時日於練焉壞廟壞廟之道易檐可也改塗可也（禮親過高祖則毀其廟以次而遷將納新神故示有所加○壞音怪下同檐以占反）

疏 作爲至可也○釋曰僖二十年新作南門傳曰作爲也有加其度也彼傳意言作所以爲譏則此作亦譏可知故丁傳云作僖公主譏其後也案莊公之喪已二十二月仍譏其爲吉禘今方練而作主猶是凶服而曰吉主者三年之喪至二十五月猶未合全吉故公子遂有納幣之譏莊公喪制未二十五月而禘祭故譏其爲吉此言吉者比之虞主故爲吉也此雖爲練作之主終入廟以辨昭穆故傳以吉言之然作主在十三月壞廟在三年喪終而傳連言之者此主終入廟入廟即易檐以事相繼故連言之非謂作主壞廟同時也或以爲練而作主之時則易檐改塗故此傳云於練壞廟於傳文雖順舊說不然故不從之直記異聞耳麋信引衛次仲云宗廟主皆用栗右主八寸左主八寸廣厚三寸若祭訖則內於西壁埳中去地一尺六寸右主謂父也左主謂母也何休徐邈並與范注同云天子尺二寸諸侯一尺狀正方穿中央達四方是與衛氏異也其藏之也白虎通亦云藏之西壁則納之西壁中或如衛說去地高下則無文以明之何休又云謂之虞者親喪已入壙皇皇無所見求而虞事之虞猶安也虞主用桑者桑猶喪也取其名與其麤觕所以副孝子之心練主用栗者謂既埋虞主於兩階之間易用栗木爲主取其戰栗故用栗木爲主又引士虞記曰桑主不文吉主皆刻而謚之蓋[illegible]也徐邈注穀梁書與之同范亦當不異也

文二

祭祀

主

十三經注疏　公羊十三　文公元年　二年　十六

〇丁丑作僖公主作僖公主者何爲僖公作主也爲僖公廟作主也主狀正方穿中央達四方天子長尺二寸諸侯長一尺○爲僖公廟于僞反下盡爲以爲下欲爲同疏作僖公主者何○解云欲言是禮書而譏之欲言非禮禮有作主之事故執不知問○爲僖公作主也○解云爲于僞反○注主狀至一尺○解云皆孝經說文也卿大夫以下正禮無主故不言之云云之說備在左氏主者曷用虞主用桑禮平明而葬日中而反虞以陽求陰謂之虞者親喪以下壙皇皇無所親求而虞事之虞猶安神也用桑者取其名與其麤觕所以副孝子之心禮虞祭天子九諸侯七卿大夫五士三其奠處猶吉祭○壙苦晃反又音曠麤才古反又七奴反疏注禮平至反虞○解云出檀弓與士虞記也言以陽求陰者謂以日中求神是也而鄭注士虞記云朝葬而日中虞君子舉事必用辰正也者兩相須也彼鄭氏又云再虞三虞皆質明則日中而反虞者指葬日言之○注禮虞至吉祭○解云自諸侯七以下雜記文其天子九虞者何氏差之耳異義左氏說亦有成文云云之說具左氏傳疏練主用栗謂期年練祭也埋虞主於兩階之間易用栗也夏后氏以松殷人以柏周人以栗松猶容也想見其容貌而事之主人正之意也柏猶迫也親而不遠主地正之意也栗猶戰栗謹敬貌主天正之意也禮士虞記曰桑主不文吉主皆刻而謚之蓋爲禘祫時別昭穆也虞主三代同者用桑尚麤觕未暇別也○期年音基三年同人正音征下同別彼列反下同疏注謂期至栗也解云出禮記文注夏后至以栗○解云出論語也而鄭氏注云謂社主正以古文論語哀公問社於宰我故也今文論語無社字是以何氏以爲廟主用栗者藏主也藏于廟室中當所當奉事也質家藏于堂作僖公主何以書据作餘公主不書譏何譏爾不時也其不時奈何欲久喪而後不能也禮作練主當以十三月文公亂聖人制欲服喪三十六月十九月作練主又不能卒竟故以二十五月也日者重失禮鬼神疏注禮作至三月○解云即禮記云十三月而練是也○注日者至鬼神解云即隱五年注云失禮鬼神例日是也〇三月乙巳及晉處父盟此晉陽處父也何以不氏据晉陽處

文二

祭祀

主所用木

陋在戎異於中國禮命不促故云非命卿也 ○丁丑作僖公主 主者殷人以栢周人以栗三年喪終則遷入於廟 疏 注主者至於廟○正義曰主所用木經無正文公羊傳曰主者曷用虞主用桑練主用栗左傳唯言祔而作主主一而已非虞練再從公羊之言不可通於此也論語哀公問主於宰我宰我對曰夏后氏以松殷人以柏周人以栗先儒舊解或有以爲宗廟主者故杜依用之案古論語及孔鄭皆以爲社主爲木主者古論不行於世且社主周禮謂之田主無單稱主者以張包周等並爲廟主故杜所依用劉炫就此以規杜過未爲得也 ○三月乙巳及晉處父盟 處父爲晉正卿不能匡君以禮而視與公盟故貶其族族

文二

祭祀

〇六月衛侯飲孔悝酒於平陽東郡燕縣東北有平陽亭。飲於鴆反重酬之大夫皆有納焉納財賄也醉而送之夜半而遣之夜遣者慚負孔悝不欲令人見。令力呈反載伯姬於平陽而行載其母俱去及西門平陽門使貳車反祏於西圃使副車還取廟主西圃孔氏廟所在祏藏主石函。祏音石圃布五反函音咸疏注使副至石函。正義曰少牢饋食大夫之祭禮其祭無主鄭玄祭法注云惟天子諸侯有主禘祫大夫不禘祫無主耳今孔悝得有主者當特假為之非禮也鄭玄駁異義云大夫無主孔悝之反祏所出公之主耳案孔氏姞姓春秋時國唯南燕為姞姓耳孔氏仕於衛朝已歷多世不知本出何國安得有所出公之主也知是假為之耳

哀十六

祭祀

至之制

夏祭法疏題天下有王節

「禮宗廟之主以木為之長尺二寸」

論衡十六亂龍篇

社礼

八佾

哀公問社。於宰我宰我對曰夏后氏以松殷人以栢周人以栗曰使民戰栗。孔曰凡建邦立社各以其土所宜之木宰我不本其意妄爲之說因周用栗便云使民戰栗子聞之曰成事不說包曰事已成不可復解說遂事不諫包曰事已遂不可復諫止既往不咎包曰事已往不可復追咎孔子非宰我故歷言此三者欲使慎其後疏哀公至不咎。正義曰此章明立社所用木也哀公問社於宰我者哀公魯君也社五土之神也凡建邦立社各以其土所宜木哀公未知其禮故問於弟子宰我也宰我對曰夏后氏以松殷人以栢周人以栗曰使民戰栗者三代立社各以其土所宜木故宰我舉之以對哀公也但宰我不本其土宜之意因周用栗便妄爲之說曰周人以栗者欲從其民戰栗故也子聞之曰成事不說遂事不諫既往不咎者孔子聞宰我對哀公使民戰栗知其非妄無如之何故曰事已成不可復解說也事已遂不可復諫止也事已往不可復追咎也歷言此三者以非之欲使慎其後也注孔曰至戰栗。正義曰云凡建邦立社各以其土所宜之木者以社者五土之總神故凡建邦立國必立社也夏都安邑宜松殷都亳宜栢周都豐鎬宜栗是各以其土所宜木也謂用其木以爲社主張包周本以爲哀公問主於宰我先儒或以爲宗廟主者杜元凱何休用之以解春秋以爲宗廟主今所不取

十三經注疏 論語三 八佾三 八

古士大夫無主

三禮通論論古禮多不近人情不可以入

主

廟之北壁為石室以藏木主

宗廟

厲公入遂殺傅瑕使謂原繁曰傅瑕貳言有二心於己。○[illegible]許斬反周有常刑既伏其罪矣納我而無二心者吾皆許之上大夫之事吾願與伯父圖之上大夫卿也伯父謂原繁疑原繁有二心且寡人出伯父無裏言無納我之言。○裏音里入又不念寡人不親附己寡人憾焉對曰先君桓公命我先人典司宗祏桓公鄭始受封君也宗祏宗廟中藏主石室言己世為宗廟守臣。○憾戶暗反祏音石藏主石函也守手又反疏注桓公至守臣。○正義曰桓公初封西鄭蓋其畿內之國周禮王子母弟有功者得立祖王之廟故桓公始封為君即命臣使典宗祏宗祏者慮有非常火災於廟之北壁內為石室以藏木主有事則出而祭之既祭納於石室祏字從示神之也社稷有主而外其心其何貳如之苟主社稷國內之民其誰不為臣臣無二心天之制也子儀在位十四年矣子儀鄭子也而謀召君者庸非二乎庸用也莊公之子猶有八人若皆以官爵行賂勸貳而可以濟事君其若之何臣聞命矣乃縊而死。莊公之子猶有八人傳唯見四人子忽子亹子儀並死獨厲公在八人名字記傳無聞蓋一

右莊十四

尸神象也

秋収會也

新村出

以君尸弁冕爲尸卿大夫士皆下之而式尊前驅

禮記

孔子曰尸弁冕而出（爲君尸或弁者先祖或有爲大夫士者）卿大夫士皆下之（見而下車）尸必式（小俛禮之）必有前驅（爲辟道。辟婢亦反）

。孔子曰尸冕
而出此孔子因曾子上問爲尸之事遂爲曾子廣說事尸之法故此直言孔子曰無曾子問辭此篇之內時有如此皇氏以爲無曾子問者後寫脫漏非也。注爲君至士者。正義曰按士虞禮云尸服卒者之上服以君之先祖有爲士者當著爵弁以助君祭故子孫祭之尸得服爵弁者若以助君祭服言之大夫著冕此云大夫者因士連言大夫耳按儀禮特牲尸服玄端少牢又云尸服朝服尸皆服在家自祭之服不服爵弁及冕者大夫士卑屈於人君故尸服父祖自祭之上服人君禮伸故尸服助祭之上服也。卿大夫士皆下之者謂尸或出於道路其卿大夫乘車見尸則下車也尸必式者而尸當馮式小俛以敬之必有前驅者謂尸出行則有前驅辟道之人也

曾子問

子抱孫不抱子此言孫可以爲王父尸子不可以爲父尸（以孫與祖昭穆同。昭時招反）爲君尸者大夫士見之則下之君知所以爲尸者則自下之（尊尸也下下車也國君或時幼少不能盡識群臣有以告者乃下之。少式召反）尸必式（禮之）乘必以几（尊者慎也。乘繩證反下注二處乘車同）齊者不樂不弔（爲哀樂則失正散其思也。齊側皆反樂音洛下無容樂非樂所同思絲嗣反又如字）疏 禮曰至不弔。正義曰此一節論立

天子諸侯宗廟之祭尸用同姓之適其
虞祔男女別尸既祔夫婦共尸
女尸必使異姓不使賤者
非宗廟之祭尸不必同姓　周公祭天用太
公為尸

詩汲醉疏

父在不爲尸

曲禮文

天子諸侯尸服自爵弁 大夫士服無爵弁

無向成人與幼

特牲饋食禮 宗人告事畢前期三日之朝

[illegible]諸祖禰天子以卿爲尸諸侯以大夫爲尸

筮尸疏云卿大夫以下以孫爲尸（疏）以其昭穆同也

無尸

士虞記無尸則禮及薦饌皆如初 注謂無孫列可使者也

皇偘用崔靈恩義以大夫用己孫為尸
天子祭天地社稷山川四方百物及七祀之
屬皆有尸　諸侯祭社稷境內山川
大夫以下采地祭五祀亦然　外神不同
異姓卜吉則可為尸　孫子向祭成人
必以尸則望殤無尸　射虞之虞以男女
亦立尸　祔祭母也一男尸　吉祭一尸　祭勝
國之社稷士師為尸　異義出羊說祭天無尸左氏有
皆見曲禮疏

陽厭陰厭

儀禮卷四十六特牲饋食禮 佐食徹尸薦

俎敦〻〻〻

疏凡言厭者謂無尸直厭飫神

尸未入〻〻前祝酌奠在奧戶以為陰厭

尸謖〻後改饌於西北隅為陽厭以向

戶明

案詳見曾子問